U0931950

靈修著作精選

扭鬥

信仰動力之所在

梅智理 著
周健文 譯

基道出版社

▼

靈修著作精選

扭鬥

信仰動力之所在

A Wrestling People and A Wrestling God

The Dynamics of a Living Faith

作者

梅智理 Jerry Moye

譯者

周健文

責任編輯

林諾欣

裝幀設計

奇文雲海．設計顧問

■

出版／發行

基道出版社

香港沙田火炭坳背灣街26號富騰工業中心1011室

LOGOS PUBLISHERS

Unit 1011, Fo Tan Ind. Centre, 26 Au Pui Wan St., Shatin, Hong Kong

電話：(852) 2687-0331　傳真：(852) 2687-0281

網址：http://www.logos.com.hk

承印

陽光印刷製本廠

●

7/2010 初版

Cat. No. LP638

ISBN: 978-962-457-401-2

Printed in Hong Kong

刷次	10	9	8	7	6	5	4	3	2	1
年份	2019	2018	2017	2016	2015	2014	2013	2012	2011	2010

曹序

梅智理（Jerry Moye）教授於一九七三年來香港，在香港浸信會神學院任教，從事舊約的教學工作。當時他才三十歲，年青有為的他開始將一生奉獻給中國人。

梅教授於二〇〇七年在香港浸信會神學院榮休。他雖然退休，卻深愛著神學院，依然視神學院為家，與我們一同生活，以音樂、詩詞、神的話餵養我們。因此，我們從不覺得他離開過我們。他是我們的朋友，是我們所敬重的宣教士、老師和屬靈師傅（Abba）。

梅教授是我們的宣教士。他來到香港，在這裏努力學習粵語；教學之餘，又在本地不同的浸信教會擔任顧問牧師。在那個年代，香港的神學教育正萌芽生長。梅教授悉心教導華人神學生，總是循循善誘，要訓練他們成為有獨立神學思考、有能力迎對教會需要的牧者。另一方面，他尤其喜歡選擇在香港一些中產以下的教會作長期的牧養工作，培育一代又一代的信徒和傳道人。香港浸信會神學院的劉振鵬博士，就是他在錫安浸信會栽培出來的果子。直至今天，每逢聖誕佳節，他所牧養的教會都有一羣弟兄姊妹擁擠到他家中一同唱聖詩。

梅教授是我們的老師。他曾教導我以歷史評鑑、正典評鑑等方式去閱讀聖經。多年來，許多同學曾與他一同讀過馮拉德（Gerhard von Rad）、艾希羅特（Walter Eichrodt）、布魯格曼（Walter Brueggemann）、蔡爾茲（Brevard Childs）等學者的著作。此外，他又在八十年代教導學生涉獵當代的嶄新神學思維，譬如戈特瓦爾德（Norman Gottwald）的社會方法進路。一些曾任教「浸神」的聖經學者，如羅慶才、周健文、孫寶玲等，都曾是他的學生。

梅牧師是我們的屬靈師傅。自九十年代至今，他專心研究和實踐靈修神學。他很喜歡閱讀不同時代屬靈先賢的事迹和神學，並且在神學院講授靈修神學的科目。除了教研靈修，他更是一位踐行靈修的師傅。面對人際的張力，他以真謙卑去面對，從不發怒或語帶嘲諷，總是溫柔地去面對、去承受、去度過。這反映了他對神的敬虔和信任。因著他這樣的心靈和氣度，過去我常親切地叫他“Abba Moye”。

梅牧師是一位滿身藝術氣質的前輩，既彈得一手好鋼琴，又寫得一手好詩。因著這些恩賜，他的神學、文章、講道，都糅合了藝術氣韻。

本書以他過去的講章結集成書，充分表現他學問的廣闊、生命的恩賜、文學的修養和屬靈生命的風範。細讀這本書，你會處處感受到那種屬靈阿爸的心腸——他對聖經的熱愛、對神的深切體會、與神的親密關係、對信徒的親切教誨等。

希望透過本書，讀者能得著這位神所差來的宣教士、老師和屬靈師傅為我們帶來的生命益處。

曹偉彤
香港浸信會神學院院長

自序

聖經經文有神祕能力，取之不竭。我一次又一次重讀熟識的故事和主題，便一次又一次發現新的亮光和發現經文的今日意義。本書許多信息是我在香港浸信會神學院教書和在香港牧會的過程中寫成的。

我特別感謝三間呼召我作講道人和教師的浸信教會，即是：尖沙咀浸信會(英文部)、錫安浸信會和大埔國際浸信會。部分信息也曾在香港浸信會神學院的學生和老師中間分享過。

三十年多來，我一直教授舊約聖經，自然傾向講論舊約經文。提到舊約聖經，許多基督徒都會感到不知所措，不知道該如何掌握那麼大量的資料和背後漫長的歷史。作為基督徒，根基要穩固，便要認識聖經的根。我是一個重視聖經的基督徒，自然會將對舊約的理解與新約的福音關連起來。

這兩個約來自同一位神，有著同一個目的。神的管治，在兩約之中，有審判和施恩行動作為標記。聖經只有一部，其中心點是一而三、三而一的神。在新約裏頭，我們看見焦點落在亞伯拉罕、摩西和大衛的兒子耶穌基督身上。我不得不尋求明白舊約和新約怎樣彼此呼應又互相豐富，我也因此不斷有所發現，並且得著祝福。

我另外一個身分是靈修學教授。我希望帶領學生進入內心，好得著更豐盛的屬靈生命。在聖經中沉浸是福音派其中一個寶貴傳統。我發現，如果能夠同時認識歷世歷代的眾聖人怎樣為活出聖經真理而扭鬥，我們的認識會更加實在。事實上，我發現，能夠看見那些為了忠於所信而不斷扭鬥的聖經人物，與努力追求信行合一的後來信徒（包括我們），怎樣互相輝映，也有好處。

因此，我把在扭鬥中得到的信息，即是，那些從在扭鬥中前行的聖徒、甚至選擇與祂所造的世界扭鬥的神所學到的功課，結集成書。

每段信息都附有總結禱文和思考問題。這種安排有助重溫信息精義。個人或者小組可按需要採用。

目錄

與基督徒的良知扭鬥：大齋期的信息

與信從扭鬥：主復活帶給教會的信息

總結

扭鬥的信息

1
雅各
與神扭鬥

經文：創世記三十二章 22 至 31 節

信仰之旅的苦與樂

聖經故事和基督徒朋友的見證幫助我們明白信仰神的本質。活在信仰之中，既樂也苦。我們可以痛苦，猶如約伯，試圖理解何以可怕的苦難竟會臨到好人。我們可以唱歌、跳舞，猶如米利暗，帶領希伯來婦女高興歡喜，因為平安渡過紅海。我們可以在危難中心懷二意，猶如彼得，既想相信，卻又怯懦。我們可以高唱凱歌，猶如保羅，在一生將盡之時，期待得著屬天獎賞。

信仰之旅既豐盛又複雜。當中有懷疑，也有信靠；有信心，也有恐懼。細讀一些聖經人物在信仰中掙扎成長、在掙扎中深化信仰的故事必有好處。雅各的故事引人入勝，我們一起來看看。創世記二十五至三十六章載有雅各和他家的精彩故事。

雅各和以掃的故事

雅各與以掃是孿生子，雅各是弟弟。他們的祖父是亞伯拉罕。老族長亞伯拉罕將一個寶貴的應許傳給他的族人。他把神的應許留給兒子以撒——有一日神要賜給他們一塊屬於他們的土地。神要賜福他們，與他們同在，以致所有國家都可以得福。以撒把這個信仰、這個應許傳給他的兒子雅各和以掃。

以掃是長子。按照傳統，長子將會成為一族之首。事實上，為父的以撒偏愛粗獷的以掃，不愛比較溫柔、被母親寵壞的雅各。但雅各有夢想，有活力。他設下陷阱，先後兩次騙去兄長的長子名分。

我們都聽過以掃為一碗湯出賣長子名分這個耳熟能詳的故事。雅各向餓得要死的兄長索取的是天價。最後，雅各又將他們父親的臨終祝福據為己有。這個祝福近似今日臨終遺囑。雅各知道兄長極其憤怒，害怕兄長會追殺他。他的母親利百加於是勸他逃亡，投靠住在今天伊拉克北部的舅父拉班。

雅各不是我們眼中的聖人。他是騙子，是無賴，但也是神所愛的人。他是神所揀選的人，將來要帶領亞伯拉罕的百姓。何以神要向這樣的人施恩？我認為有以下可能的原因：雅各有創意，有想像力，又有追尋夢想的動力。不錯，他誤用了他的恩賜。但神也管教他和糾正他，幫助他成為更好的人。以掃不是惡人，但他缺乏遠見和性格。他太快丟掉長子的名分。

如果我們細心閱讀聖經，我們便會看見：神並沒有忘記賜福雅各的哥哥以掃。作為這羣特選百姓的領袖，他不是最佳人選。但是，神仍賜他能力和家庭，使他活在弟弟的地界以外。創世記三十六章告訴我們，以掃是以東十一個支派之祖。以色列有十二個支派，住在巴勒斯坦。以掃生出十一個支派，住在猶大以南的地方。

雅各兩次在夜間蒙恩

（一）在伯特利夢見天梯

雅各害怕哥哥追殺他，於是逃亡。他還未適合接受神所施的恩惠，但神賜恩予他，讓他看見美麗的將來。我們在創世記二十八章讀到雅各在伯特利造夢的故事。遠離家鄉，雅各躺在野外睡覺。他拿石頭作枕，希望可以入睡。他造了一個夢，在夢中看見一把梯直引到天上。天使在梯上，上去下來。神正與祂的世界交流。

神在梯的頂部。祂對雅各說：「我是耶和華——你祖亞伯拉罕的神，也是以撒的神……」（創二十八 13）然後，神重申很早以前對亞伯拉罕所作的承諾：我要將這地賜予你和你的後裔，我要使你成為地上所有人的祝福；還有，我現在要特別與你同在，好使你在逃亡的路上，得著新的生命；最後，我要領你回家，實現我的應許。

神藉雅各的經歷，來陶造雅各——一個需要接受試驗和管教的人，一個需要長大、好作百姓領導的人。當雅各遇上他的舅父拉班，他遇上了對手。舅父與外甥一樣狡猾，善於攻心。他們互相幫助，也互相欺騙。

後來，想像力豐富、活力十足的雅各墮入愛河。他愛上拉結，即舅父拉班的女兒。我們記得，拉班怎樣用詭計迫使外甥接長女利亞過門。中國人也有故事講到，有一個人因為新娘子蒙著頭，結果娶了一個並不認識的女子。拉班怕眼睛沒有神氣的長女嫁不出去。於是用計，迫使雅各與她成親。浪漫但無助的雅各，終於有機會一嘗哥哥從前被騙的滋味。

為拉班打了十四年工之後，雅各最終得到兩妻兩妾。他有許多兒女，也藉畜牧獲得許多財富。他終於想到回家。神還有一些應許未曾兑現。他仍要在應許之地安居樂業。回家，雅各便要面對自己曾欺騙的哥哥，結果如何沒人説得準。儘管這樣，他知道自己還是要回去。

（二）在雅博渡口與神扭鬥

創世記三十二章意義暗晦，卻惹人遐想。我認為，內裏蘊含重要功課。我們有能力想望美好生活。我們卻是有限的罪人，未能達成偉大目標。我們有幸找到一位施恩的神給我們機會，領我們走出死胡同和自敗的生命，又呼喚我們悔改，正視我們的需要和掙扎。我們蒙召與我們的過往、與將來的盼望扭鬥。在某程度上，我們求神幫助，也是與神扭鬥。

讓我們細讀這個故事！雅各打發家人和貴重的牲口先渡過雅博溪，與他的哥哥相會。為應付一位怒憤填胸的哥哥，他定下一個安全策略。也許，哥哥看見無助的婦孺，心腸會軟化。也許，貴重的牲口會打動他的心。雅各卻獨自留在雅博溪的這邊過夜。很久很久以前，在伯特利，他心裏害怕，不知將來是禍是福。在雅博渡口，就如在伯特利，神前來與他會面，賜他恩典，幫助他面對他的哥哥，並且期盼一個美好的將來。經文告訴我們，有一個人與雅各扭鬥。他的身分未有交代。但是，他力大，在與雅各扭鬥時，使雅各的髖骨離位。天快亮時，扭鬥的對手說：「天黎明了，容我去吧！」（創三十二 26）扭鬥的對手不想有人看見他的樣子，也不要人給他名字。

雅各問那人甚麼名字。狡猾的雅各知道名字的力量。這是世人互相識別的方式。這也是人呼求諸神降福的方式。那人不肯透露名字。他不要人召喚他或者困住他。他要自由，好做他要做的事，去他要去的地方。那人沒有交出他的名字，但他卻給人福氣。他說：「你的名不要再叫雅各，要叫以色列；因為你與神與人較力，都得了勝。」（創三十二 28）

來自天上的扭鬥者不會限於一個名字。雅各的身分如今卻定了。他是以色列，是一國之父。他成功經過考驗，配做族長，繼承亞伯拉罕的事業。

不信的人與福音的呼喚扭鬥

許多人自覺需要有一個有意義的人生願景，一個超越只為生存或者積聚權力、財富的目標。許多人都留意到各大世界宗教使千千萬萬人找到目標和盼望。不錯，今天，我們也知道宗教可以出錯，狂熱者可以對全球安全造成威脅。但是，有病的宗教和良好的宗教是有分別的。

我認為，基督徒的信仰，是我所認識最高尚的生活方式。福音真理令我感到驚訝：創造者、滿有能力的神選擇進入我們這個破碎、有病的世界，藉一個人、一位弟兄，顯明祂的智慧和仁愛。在基督耶穌這位先知—教師—醫師裏頭，神親自與我們結連，祂甘冒遭人拒絕的風險。祂自願承擔十字架的苦難，只為顯明祂的愛，不要強迫世人服從。祂打開我們的眼睛，使我們看見正義和憐憫的視像（vision）、圓滿的生命，脫離自私的小世界。祂賜我們悔改歸正、更新心靈的能力，還把自己賜了給我們，使聖靈住在我們裏頭，引導我們。

我們要為那些掙扎於要否接受福音真理的人禱告。我們是與我們的驕傲和虛妄扭鬥：我們以為，我們並不需要神。我們是與我們的情慾和貪婪扭鬥：我們的心要得權力和財富。我們是與我們的想法扭鬥：我們以為我們必須咄咄逼人、工於心計才能安心生活。

信徒與福音的呼喚扭鬥

在我們身邊，有些人已經認識神的救贖恩典多年；有些則是新近相信的。但是，我們全部——偶而——都要與福音生活扭鬥。我們蒙召，要愛所有人，就如神愛人一樣。我們可能要與我們的文化承傳下來的偏見扭鬥。對於我們國家的敵人、美好中產生活的敵人、我們教會和基督教事業的敵人，我們怎可能愛他們呢？我們要為得著更美的心思和意念而進行扭鬥。

我們蒙召，要過奉獻的人生。我們可能要為是否甘心奉獻更多給神、祂的教會和祂缺乏的兒女而進行扭鬥。我們可以提出合理解釋，為免奉獻太多，超出我們感到舒適的程度。我們可以推遲作好管家的計劃。我們要為得著更美的心思和意念進行扭鬥。

我們蒙召作神謙卑的僕人，甘心受教，樂意推崇別人。我們可能為別人沒有確認我們的恩賜，滿心嫉妒，與難過的心情扭鬥。我們可能為別人暗示——遑論直言——我們明顯犯錯，要與憤怒的心情扭鬥。我們中間可能有人要與內心的自卑感扭鬥，不敢相信我們已經享有神親愛兒女的地位，且有一些——或許不多——獨特的恩賜可以供獻出來。我們要為得著更美的心思和意念進行扭鬥。

詩一首——雅各與神扭鬥

與神扭鬥
神留活口
雅博渡頭
月黑心憂

服役多年
回家路上
拉班得利
有牛有羊
為愛拉結
被騙受傷
代價不輕
只為紅妝

最終離開
人財兼收
拉班奸狡
我勝一籌

家眷先行
留後禱求

「平安應許
早日成就！」

夜裏活物
現形猛撞
扭鬥傷髖
抱緊不放。

晨光初現
對手退讓
掩面埋名
再生有望

賜下新名
不再任性
我以色列
祖蔭繼承

夜客是誰？
舊我求新
將來盼望
建家者神

禱告

主，我們扭鬥：
與我們的過去，
與我們的失敗和傷痛，
與我們的幻想和盼望。

求祢賜我們勇氣面對真理！
求祢賜我們虛心承認過失！
求祢賜我們恩典重新起來！

奉赦免我們的弟兄耶穌之名。
阿們。

思考問題

1. 雅各作為神所使用的人，他有哪些地方引起我們的興趣並給我們帶來希望？
2. 在創世記三十三章10節，雅各的哥哥寬恕了他，而雅各說，看見他的面有如看見神的面。在扭鬥中勝過神，與看見以掃有何關係？
3. 在與人交接的過程中，你可有見過神的面？
4. 你的過往有哪些地方需要放開，使你可以繼續前行？
5. 雅各離開一段時間有好處嗎？

2
神
與祂的百姓扭鬥

經文：民數記十四章 11 至 25 節

神的形像是怎樣的？

民數記裏有一個頗有趣的故事，可以刺激我們狹小的心靈，以思想神的本質。讓我們先用一點時間，看看神在人心目中的一些有趣形象。一位十分有名、畢業於英國貴族學校的英國牧師這樣說：「我想，神是位十足十的英國紳士；有教養又守禮。」在中古時期的畫作中，神是位滿頭白髮的長者，滿有能力和權威，坐在寶座之上。一些現代作品有可能把神畫成一位女性。

我們要提醒自己：神是靈，祂的能力托住整個宇宙。神不可能被貶為單一的形態或圖像。對一些人來說，因為神的榮耀突破了我們日常的認知方式，我們便因所見的景像而完全改變。以賽亞就有這樣的經歷。他正在殿中尋求神，因為猶大的王死了，他需要神的說話。結果，他看見一個極其壯觀的景象，充滿令人驚訝的景物，又有話語，清楚解說。

聖經告訴我們，神與摩西的關係異常親密。按照當時理解，神是個執掌權柄的男性，經常與摩西交談。在神給予摩西的啟示中，視覺元素並不多。基本上，神在話語中臨到摩西。當然，也經常有雷轟、閃電和地震相隨。

十二探子向摩西匯報

在民數記十三和十四章，我們看見希伯來人在曠野流浪的一段歷史。在摩西帶領之下，他們不再作埃及人的奴隸。他們再次由摩西率領，走過曠野，邁向迦南，一個流奶與蜜之地。他們來到別是巴以南五十里的地方，即是將來佔領地的最南端。摩西開始為百姓進入迦南作準備。

他派出一隊探子，共十二人，前去細察這個新的家鄉。這些是領袖級探子，不是普通人。他們要搜集有關迦南地居民和土地資源的資料。那地物產豐富，在探子們的心目中，留下了深刻的印象。同樣印象深刻又令他們心感害怕的，是那地的人和那些又高又大的城。

回到大營以後，探子們首先承認，那地的確富庶。但是，他們隨即表示，他們不可能攻取那地，因為那地有些人，近似巨人，而希伯來人恍如蚱蜢。其中兩個勇敢的探子提出了與其他十人不同的報告。約書亞和迦勒相信，神會實現祂的承諾，幫助祂的百姓攻下那地。他們試圖消解因摩西要帶領百姓進入迦南而起的埋怨。

接著，經文說，一些與迦勒同作探子的人在百姓中間散播謊言。他們說，那地的出產不足以養活所有人，他們也永不可能打敗那地的巨人。百姓整夜哭泣，並且開始計劃要求摩西下台。他們決定返回埃及，再作奴隸，回到一處至少有住處、有食物的地方。約書亞和迦勒努力與百姓理論，要說服他們相信神會帶領他們成功進入迦南。百姓卻想用石頭打死他們。

神與摩西交談

這時，神向摩西顯現。神顯現的時候，自然界總會震動，以表示自然界的神將要降臨。這次也一樣。榮光降在會幕，即那歸神為聖的帳幕。之後，有最精彩的對話。神與摩西交談，道出祂的痛苦、失望、傷痛。神對摩西說，祂已經忍無可忍。祂要徹底消滅希伯來人，重新開始。祂有意建立一個新的國度——一個出自摩西的國度。

摩西可以說些甚麼？人怎可與神爭拗或者作出請求呢？摩西的回應很機靈。他提出兩點理由，說明神因何不可以徹底消滅希伯來人。第一，如果鄰近的列國百姓聽聞神不能完成目標，不能促使祂那愚頑的百姓前行、成為新國度的國民，神會丟臉。這個理由或許能說服摩西和他身邊的人，但我認為，並不是最佳理由。

第二個理由最為精彩。摩西請神緊記祂是誰，祂不是人間那些能力有限、眼光短淺的皇帝。摩西提出，他眼中的神是位令人讚歎的神。雅威（Yahweh；另譯：「耶和華」）有恩典，不輕易發怒。雅威的心是愛。當愛遭人濫用和拒絕，當然會有失望，甚至憤怒。但是，神不是有限的人；祂可以控制祂的怒氣。祂的怒氣和審判是豐盛的愛的一部分；這愛決定一切。

請聽民數記十四章19節怎樣說：「求你照你的大慈愛赦免這百姓的罪孽，好像你從埃及到如今常赦免他們一樣。」「愛」的希伯來文是 *hesed*。這個詞語可以譯成「仁愛」，在詩篇中經常出現；同時出現的，還有「慈悲」和「美善」。

神這種令人驚訝的愛並不情緒化，也不縱容人。它完全付出，也要求全然獻上。它熱情投入。它信任，期望也高。它引出人裏頭最高尚的情操，把人轉化。因為神的愛作出這樣完全的奉獻，我們輕忽這愛可以造成極其嚴重的後果。

膽怯的人埋怨神和勇敢的領袖。他們要為拒絕愛的呼喚，付上沉重的代價。他們蒙召離開為奴之地，有望得到新的土地和美好將來。他們不信神，也不信自己。他們情願選擇為奴的安定生活，不肯為自由負上責任，也不肯在信中活出美好明天。

既是這樣，神便任讓他們承受選擇的後果。假如他們不要作自由的百姓，便要在曠野中流徙，直到死亡。這代人無法看見應許之地。神卻看見未來。下一代是新希望。民數記十四章29節告訴我們，所有二十歲以上的人將要死在曠野。但是，那些二十歲以下的人將要得生。他們要看見，他們的父母因不信而浪費生命，他們要從中學到功課。他們要進入應許之地。

不過，上一代並非全部滅亡。約書亞和迦勒兩家人要平安走過曠野，他們將會進入新的世界。

這個精彩片斷留下了許多寶貴教訓。首先，它教我們認識有關神本性的基本道理。其次，它教我們憑信走進將來。第三，它教我們認識禱告和代求的力量。我們與神扭鬥，神也與我們扭鬥。

神的本性

聖經用幾種不同方式來說明神。在新約裏頭，我們有短悍經典的說明：神是愛。誠然，神是愛，但我們必須解釋這句話的意思。神愛，是祂處理權力的方式。出於愛和喜悅，祂創造世界，並用說話召出我們各人，一種獨特又貴重的活物。出於愛和犧牲，祂使自己與我們連在一起，承擔我們偏行己路和選擇錯誤的痛苦。出於愛和目的，祂賜給我們智慧和呼召，成為一個有力關懷的家庭。

舊約啟示如實地描繪一羣並不完全的百姓。作者筆下的神是位忍耐、忠誠的愛人和君主。我們享受大量的愛和自主能力。我們在一位作主的神手中，祂的愛真實，向人發出邀請，也作出要求。祂的震怒同樣真實，因為真愛遭到拒絕之後，必會感到痛苦和難受。

在準備這篇文章的過程中，我的腦海一再浮現拉比赫舍爾（Abraham Heschel）許多發人心省的精句。他的家鄉波蘭被納粹黨佔領，他便在美國重建家園。他在紐約市的神學院教書。他那充滿詩意的信仰和對神的愛很快便佔領了我們的心。他受過嚴格的學術訓練，也有活潑的靈交信仰（mystical faith）。有一次，他說：「我不求有知識，我求有驚奇。」（參 Abraham Heschel, *Man Is Not Alone* [New York: The Noonday Press, 1976]）

神不是一樣可以放進概念或教義的東西。聖經談到一位活的神，祂不斷尋求與人建立個人關係。我們不能驗證神的存在，好像我們驗證算式一樣。我們追隨直覺，相信世界充滿奧祕和驚奇。

我們奉召相信。這信有兩個方面：我們渴望相信一位值得相信的神。神也渴望相信我們。我們有高的期望，神也有。我們可能發現生命有許多令人感到失望和頭痛的地方，神也一樣。民數記的故事正好説明這點。

新約講的是神的故事。神工作的高潮是以色列忠誠可靠的兒子 —— 耶穌基督 —— 的出現。祂是新的摩西。祂給我們自由。我們將會得著釋放，走出過往的死胡同。祂是新的約書亞和新的迦勒。祂要帶領我們進入應許之地，一個美好的將來。我們可以犯罪，就如早期世代陷入網羅，在曠野中飄流。但是，神呼召我們相信，好活在新的視像和新的能力中。

盼望將來、與神交談的呼喚

假如我們接受神愛的呼召，走進一個自由、開放的將來，我們便奉召與神建立一種有捨有得的特別關係。我們奉召繼續與神相交。用傳統的講法，這相交就是「禱告」。但是，有時，「禱告」這個詞語用得太濫，以致失去了原有的嚴格要求。我們奉召向那創造天地的權能（the Power）講話。我們奉召使一位因我們而自豪、愛顧我們的至親歡愉。我們奉召在感到混亂和憤怒時發出呼求。我們會不會同時奉召在神感到難過和憤怒時聆聽祂的呼聲呢？

有些人說神是自足、完全、不會因人的軟弱而有困擾的，民數記十四章向他們發出強烈的挑戰。我們要小心考慮這事。許多學者警告我們，不要按我們的形象造神。神並非有限，以致極其需要我們。神也非缺乏和感到不安，以致要求我們關注或者迅即粉碎叛逆。

但是，神的愛會不會是過度慷慨？神賜予，會不會是因為祂喜歡賜予，而不是為了收買我們的歡心？我們都知道有些人送禮是附帶條件的，期待以此換取所需。我們也知道有些人送禮是純粹因為喜歡使我們歡喜。

神會否視邀請我們參與祂的工作為使人生滿有意義的其中一種方式？當同工一同努力，當老闆和僱員一同工作，當大家一同合作，工作必有最佳果效。假如神讓摩西明白祂的痛苦，向他透露一些較為灰暗的思想，豈不正正顯明神極愛摩西，極度信任摩西？能夠看見世界最終掌權的一位選擇與他分擔重擔，摩西真是有福，是不？

我們相信一切——世界和神本身——都在神掌握之中。但是，這不表示，假如神真的是愛，祂就不會感到難過。父母或權威人物可以有足夠力量解決難題，無需額外幫助；然而，掌權者若知道別人明白他和願意幫忙，相信必會感到歡喜，是不？

不管我們怎樣看這段經文，經文告訴我們，神尊重摩西的代求。祂容讓摩西提醒祂回想祂的本性。當然，神始終是神，一位慈愛的君主，祂的忍耐可以受到挑戰，最終卻不會耗盡。祂不會放棄，仍會召出一羣特別的百姓，好活在祂的光中，成為整個創造的祝福。對於那些不肯信靠祂和不肯為自由放膽活在祂那光中的人，祂會任讓他們走向滅亡。他們將不停兜兜轉轉，沒有去向，最後的結局就是死亡。

不管我們怎樣理解「神是完全和全能的」這說法，我們都必須面對福音的核心。神選擇與祂的世界連在一起。神選擇使祂所有的啟示和救贖能力充滿基督耶穌。神選擇去愛，不管代價多高：藉祂的兒子，祂忍受祂的愛子被釘十字架上的痛苦。神邀請我們，帶著愛的盼望，成為祂家裏的人。

我們蒙召作神的同工。祂喜歡聆聽祂兒女的說話。也許，其中有人有足夠敏銳和愛心，可以聽聞神的說話、祂的痛苦和祂的歡樂！

禱告

主，我每天都用說話和思想轟炸祢。

我獻上崇敬和感謝！

我求祢施恩、幫助！

我承認我失敗和恐懼！

但如今，我稍息、反省：

有誰，分享祢的痛苦和盼望？

向誰，祢會訴說最深的關注？

親愛的主，讓我做個聆聽的朋友和僕人！

阿們。

思考問題

❶ 神的憤怒與人的憤怒有何不同？

❷ 在與神爭拗和順服神之間，怎可達致平衡？

❸ 憤怒可有價值？所有憤怒都不好？

❹ 神受我們影響，但我們可以改變神嗎？有哪些地方改變了？

3

摩西

與神的呼召和神的名字扭鬥

經文：出埃及記三章 1 節至四章 17 節

為呼召摩西作準備

我們來探討摩西怎樣與神的呼召扭鬥。有關記載見於出埃及記三至四章。這個時候，摩西住在西奈半島，在枯乾的米甸地區。聖經告訴我們，他的岳父葉忒羅既是祭司又是族長，摩西正在牧養葉忒羅的羊羣。

葉忒羅收容了亡命天涯的摩西。我們記得摩西是埃及法老女兒所收養的兒子，在埃及成長，受著兩種傳統的薰陶。他的生母，因著神奇妙的眷佑，透過機智的姊姊米利暗，獲選為摩西的乳娘。他的養母將強大埃及的所有好處都賜給他。

後來，年青的摩西因他的同胞遭到虐打而動怒。正當那時，神也感到憤怒，最終對埃及人施行懲罰。摩西殺了一個惡待人的埃及人，因而需要逃亡，以保性命。他在米甸曠野找到容身之所。

葉忒羅給了摩西一個家。他的長女西坡拉成了摩西的妻子，並且為他生養兒子，這是她能送他最大的禮物。雖然摩西在曠野找到庇護，卻總不能永遠呆在那裏。他是屬於另一羣百姓的，他有著特別的使命。神賜給他許多恩典，期望他完成大業，成為祂的使者和施行拯救的工具。神遲早要呼召他這個人，好完成一項特別任務。

神讓摩西接受這樣好的裝備，為的是擺在前頭艱巨的工程。他在兩位母親和一位出色姊姊的照顧下長大，得到保護和養育。他一生有三分之一時間在埃及渡過，見過大國的榮華和百姓受到奴役的痛苦。

他一生另外三分之一的時間是在曠野之中，得到葉忒羅和他女兒西坡拉的照顧和堅固。他一生最後三分一時間要帶領他的同胞，脫離奴役，走過曠野，進到一片新的土地，走進一個新的將來。

有一日，摩西在西奈山附近放羊，蒙神呼召，與神合作。他們要拯救百姓，脫離奴役，使百姓連結成為一羣特別的約民，好祝福整個世界。為了引起摩西的注意，神使山邊的荊棘燃燒起來。神透過燃燒中的樹叢說話。祂直呼摩西的名字，要他脫下鞋子，因為他所站的是聖地。祂宣告祂是誰：你祖亞伯拉罕、以撒和雅各的神。祂明示祂的旨意：祂聽聞了祂的百姓在奴役中的哀鳴，準備使他們得到自由。祂要給他們一個新的家：在肥沃的迦南地。祂差派摩西進行一項特別任務：他要去到法老那裏，宣告希伯來人的神呼召祂的百姓離開埃及。

不願聽從神的吩咐

摩西不願接受這項任命；誰要去挑戰世上最有權力、視自己為神的獨裁王帝呢？摩西求神明白，他有特殊限制。他不善辭令，說話時結結巴巴，向法老講話怎會不丟臉？更甚者，還可能丟神的臉呢！

我們留意到，摩西的經驗與聖經裏頭其他人蒙召的經驗相似。後來，神又呼召基甸去拯救百姓。根據士師記六章的記載，基甸也抗拒神的呼召，說他所屬的支派是以色列中最小的，他在眾兄弟中同樣排行最小。

往後，神又呼召耶利米，要他向百姓發出警告。耶利米抗拒呼召，說他太年青，沒有經驗。看來，我們人的限制，在神眼中，並不是大問題。也許，祂最喜歡與承認自己有軟弱的人合作。也許，神呼召我們許多人去完成那所謂不可能的任務。也許，我們最需要的，是一顆謙卑的心，知道自己必須倚賴神。

摩西將會得到支援。摩西有他的哥哥亞倫為他講話。他有他的姊姊，是人稱其為先知的，與他站在一起，宣告引導百姓的是希伯來人的神。百姓後來來到西奈山山腳，他有岳丈從旁指導他如何照顧百姓。

為實現他一生最偉大的工作，神一直用心栽培摩西，祂當然不會放過他。祂不理會他的借口，並對他說，他將獲得特別記號，以確立其信息的權威。摩西覺得自己需要認識更多。假如他要說服他的百姓相信神曾向他說話，又假如他要說服法老相信神要求他釋放祂的百姓，他必須有十足授權。摩西向法老提出要求，所憑的是哪個專有的名字？摩西需要知道神的專有名字。

埃及人能與他們的神祇交往，因為他們認識祂們的名字——亞捫．拉、歐西里斯、伊西斯。迦南人能與他們的神祇交往，因為他們認識祂們的名字——巴力．米爾刻、亞拿特、莫特。摩西要求一個專有的名字是可以理解的。

神奧祕的名字

神配合摩西，但沒有提出我們期待的答案。神不會總是就我們的問題提出我們期待的答案。神並不受我們的邏輯系統限制，也肯定不會受我們的操縱。於是，我們得到出埃及記三章14節，一段令人困惑、好奇和神祕的經文：

> 神對摩西說：「我是自有永生的……你要對以色列人這樣說：『那自有的打發我到你們這裏來。』」

神已宣告自己是誰，神也已保障了自己。長久以來，舊約學者為如何準確翻譯這句話而一直在辯論。可能的翻譯有兩個：「**我是我**」或者「**我將做我要做的**」。受希臘思想薰陶的學者選擇前者。「**我是我**」有哲學味；神是實體。

希伯來人著重看神怎樣行事、不著重抽象定義，許多明白此特性的學者，則喜歡第二個翻譯。神讓人認識祂，是透過祂將有的作為，即是，在每個世代、各個危機中作我們的拯救者。兩個翻譯都可以在一定程度上幫助我們認識神。在英文聖經裏頭，神的譯名可以是耶和華（Jehovah）、雅威或者主。

我們手上的經文蘊含一個重要真理。神要向我們顯明自己，我們有不同名字可以使用。但是，神不只限於或受制於某一個名字。在遙遠的族長時代，祭司麥基洗德祝福亞伯拉罕，是奉「愛愛翁」（El Elyon）、至高神的名。創世記通常稱神為亞伯拉罕、以撒和雅各的神。摩西則得到非常特別的啟示：我將做我要做的、等著瞧、信我並與我同行。

神名以馬內利

對基督徒來說，我們認識神，因祂將能力和愛、圓滿的神恩充滿耶穌基督。在耶穌裏頭的是神完全的啟示，藉由我們給予這啟示的各個名字，我們得以親近神。請聽聽以下來自馬太福音一章 21 和 23 節耳熟能詳的語句：

> 她〔譯按：馬利亞〕將要生一個兒子，你要給他起名叫耶穌，因他要將他自己的百姓從罪惡裏救出來……必有童女懷孕生子；人要稱他的名為以馬內利……翻出來就是「神與我們同在」。

對基督徒來説，我們公開強調一個奧祕：神將祂豐盛的自我啟示賜了給我們，我們同時宣告：神總是超過我們的詞彙所能表達的。耶穌基督是神為我們成為肉身；耶穌基督是救主和良朋，耶書亞和以馬內利。

神的其他名字

但是，神也是父和聖靈。這些詞語既豐富也有用，因為神有如好父母，也如內裏教導的火。**但是**，父神大過父母。當以色列與神同行時，他們用其他名字稱呼神——萬軍之耶和華，天上萬軍的統領。在詩篇裏頭，祂是磐石、避難所、高台。我們——與聖經裏頭神的百姓一樣——發現這位偉大的主有更多更多名字。祂是我將做我要做的、與我同行並發現新的名字。

我為神找到的名字有：神是華人基督徒臉上的福氣；神是我面對危險時的勇氣；我生病時，神是醫生；我探究我所承受的文化遺產時，神是根。基督徒的人生故事就是神的名字漸漸展現的故事。我們蒙召，踏上信心之旅，充滿驚險和期待。哈利路亞！

詩一首——給摩西：神的回應

你要知道我的名字？
我要問你何以一問？
父母不曾領你禱告？
岳丈不曾分享信仰？

掌管歷史　心堅意定
我是上主　你祖的神
亞伯拉罕　信實以撒
機靈雅各　三代的神

我「愛愛翁」　高高在上
麥基洗德　祭司君王
乃我僕役　你祖導師
教你抬頭　凝視仰望

米甸的主　西奈的神
葉忒羅氏　特選器皿
給你保護　妻子　時間
學習禱告　聽候神領

仍要認識我的名字？

知道我名　執掌權柄
此事早該　心知肚明
雅各從前　與我拼命
定意定名　奧祕　神情
一心操控　無法得逞
各方友好　我賜美名

你是摩西　出水入生
你是後嗣　盼望繼承
你是解救　百姓安寧

這算甚麼？這算甚麼？
堅持查問　我的大名？
百姓質疑　豈會不明？
「要我冒險？何方神聖？
危急關口　誰會出頭？
為奴負軛　痛苦不輕
徒然盼望　苦痛莫名」

為給百姓　給你一名
特別之名　我是我是
我將要做　我所做成

若要認識　我的名字
一同織夢　日思夜念
竭力一族　日後發展
因愛之名　無盡恩典

後來日子　人將稱我

以馬內利　同行的主
我將充滿　將來一子
滿有榮耀　圓滿名之

只是如今　要務當前
踏出一步　行動為先
現今世界　苦難多端
希望播送　美好明天

我是真實　我是權能
日日夜夜　塑造不停
我愛織夢　也是夢境
我將要做　我所做成

禱告

主，我要在感恩讚美中提祢名字：
祢是永在的父、大能的神、奇妙謀士！
祢是以馬內利、基督、我兄！

主，祢認識我的名字和我的所有內情。
我信靠祢按祢所知的一切施恩。
祢若呼喚，願我聽聞！
「主啊，請說！我在這裏！」願祢聽聞！

阿們。

思考問題

❶ 按你的經驗，你喜歡用甚麼名字或者詞語來稱呼神？

❷ 有偏見的人用甚麼稱號或者綽號來呼喚他們不尊重的人？你可知道用來侮辱人的最新名字和一些為人接受的名字？

❸ 十誡裏頭有這樣的一句話：「不可妄稱神的名。」我們怎樣妄稱神的名？

❹ 從約翰福音十章3節，我們知道，好牧人基督認識我們每個人的名字。這句話對就我們與神的關係有何提示？

❺ 當神有工作分派而呼喚你的名字時，有哪些事會攔阻你聽聞神的呼召？

4

神
與不忠的愛人扭鬥

經文：何西阿書二章 2 至 15 節

令人震驚的神呼召令人震驚的先知

假如這篇文章的題目令人震驚，何西阿書也一樣。聖經形容神是一位熱情的神，極其重視與百姓的關係。何西阿將神比作一位忠誠的丈夫，以色列卻是一位不忠的太太。其他先知也有使用相同意象，惟獨何西阿賦予這個類比最深度的傷痛。

不錯，何西阿蒙神引導，親身經歷神面對婚姻伴侶不忠的傷痛。以西結也採用令人震驚的語言，談到濫交的情人出賣神的愛，但是，以西結的太太並無對他不忠。何西阿奉命娶一個將會紅杏出牆的女人為妻。這事當然令許多解釋聖經的人感到困擾。我們當怎樣理解這個命令呢？

令人震驚的先知與令人震驚的例子

有些學者認為何西阿的故事是個寓言故事；內藏屬靈真理，卻無歷史根據。但是，我們想起先知們經常以出位的行為震動身邊的人。據以賽亞書二十章記載，以賽亞一絲不掛，在耶路撒冷的大街小巷中穿梭，達三年之久。

他的舉動將猶大人倚仗埃及作為盟友的結局活現出來。神已興起亞述人，成為審判工具。猶大人要將信心完全放在神身上，讓祂來施行審判，然後施恩。他們不能倚仗任何地上權勢，視為救主。亞述人將叛逆的埃及人擄走，使他們一絲不掛，當眾受辱。猶大人若違抗神的計劃，也會遭遇同一命運。

詭異的視像和行為肯定是以西結生平和工作的標記。我們想起他沒有按規矩回應妻子的離世。按習慣，配偶離世，人當流露深度哀傷。富有的人有時甚至聘請哭喪婦在喪禮中當眾哀悼。根據以西結書二十四章的說法，神禁止以西結以慣常的方式作出哀悼。他不得打開蓋頭，將灰或塵土撒在頭上。他不得吃哀傷者慣常吃的東西。他令人震驚。何故？他正指向神即將採取他不忍言宣的行動，神將容讓巴比倫人嚴懲祂的百姓。聖殿要被焚毀。國家的破落，使人的所有情感癱瘓。難以置信的事發生了！

這樣看來，先知何西阿做出異常行為，一點也不出奇！先知蒙神呼召，是要傳達緊急信息、關乎生死的信息、嚴正的警告。人必須聽聞這個信息，但是人們往往不會認真看待令人痛苦和逆耳的說話。要引起人的注意，先知於是要經常做出令人震驚的事。

何西阿的出位婚姻令人震驚

談到何西阿這段出位婚姻，我們留意到，何西阿書一至三章在彼此呼應。何西阿書一章告訴我們，何西阿娶了一個名為歌篾的女子為妻。歌篾為他生了三個孩子，他們各有富象徵意義的名字。這些名字提到國家將要面臨審判。二章告訴我們，歌篾出賣了她的丈夫，把他拋棄。她出賣自己，作為情人，以賺取生活所需：食物和水、羊毛和麻、油和酒。在三章，何西阿似乎用錢為她贖身，使她重獲自由。他領她回家，讓她洗盡鉛華，最後完全恢復她作為妻子的地位。

何西阿書二章的意思最為豐富。經文游移在兩種關係之間。有時，是何西阿與歌篾的關係。有時，是神和以色列的關係。當中有優美的詩歌，也有精彩的神學。既強調神為伴侶的不忠感到痛苦，又強調神定意要再次贏取妻子的歡心。

亞割谷的蜜月

何西阿書二章 14 至 15 節的經文清楚表達出，神這位意志堅定的情人的所有的感受和意願。請聽以下這番說話：

後來我必勸導她，
　領她到曠野，
　對她說安慰的話。
她從那裏出來，我必賜她葡萄園，
　又賜她亞割谷作為指望的門。
她必在那裏應聲，
　與年幼的日子一樣，
　與從埃及地上來的時候相同。

用來表達神親近以色列的希伯來詞語極其強烈。我們可以譯作神要**引誘、誘使、追求、討好、使她神魂顛倒**。這是情人希望贏取對方歡心的語言。神提出重新開展關係，和到亞割谷渡蜜月。這種陳述既重要，也突然。

亞割谷代表甚麼？約書亞記七章提到希伯來人生命中一次可怕的經歷。他們剛剛越過約旦河，進入應許之地。神為他們贏得重大勝利。他們圍繞偉大的耶利哥城牆行走，憑著信心，等候神粉碎城牆，讓他們攻佔這城。他們要記得將這次徹底得勝的功勞全然歸給神。人不能將戰利品或者搶來的東西留給自己，因為在戰爭中贏得勝利的，不是他們，而是神自己。

但是，一個名叫亞干的人抵受不住試探和貪婪的引誘，偷偷為自己留下一件美麗的巴比倫袍子，值二百舍客勒銀子，還有一條金子。嚴格來說，根據聖戰傳統，這是神的東西，並不屬於亞干。他不單讓步與貪婪，更表明自己不尊重和不順服神和神所定下的準則。這種不忠的表現造成了嚴重後果。

在希伯來人下一場戰役中，他們打敗仗了。他們取了強大的耶利哥，卻打不下小小的一個艾城。神拋棄了他們，百姓也知道，他們戰敗是因道德問題，不是因軍事問題。他們需要辨別出所犯的罪和犯罪的人。

當人們發現犯罪的人是亞干，便即時把他處決。這是神在以色列進入應許之地後，第一個審判以色列的行動。神希望帶領以色列返回亞割谷，一個失敗和羞辱的歷史陳迹之地，豈不是很有意思？為甚麼呢？神要再來一次。神準備扭轉歷史的軌迹和咒詛。神要譜寫新的一章。祂的百姓不會被過往的失敗困住。神的愛是地上最強的力量。愛帶來新的開始。愛引出將來和盼望。

愛之約的特質

何西阿書二章，就與神訂立愛之約的關係，作出了詳細論述。我們留意到兩點特徵：第一，在二章 19 和 20 節，我們知道，一個愛之約有五點特質。第二，我們知道，整個創造都會因人神和平共處而受惠。

首先，我們來看看人與神關係良好有何特質。請聽 19 至 20 節怎樣說：

我必聘你永遠歸我為妻，
　以仁義、公平、慈愛、憐憫聘你歸我；
也以誠實聘你歸我，
　你就必認識我——耶和華。

這是嫁娶的語言。神要聘以色列歸自己。《現代中文譯本修訂版》簡明地説：「以色列啊！我要娶你為妻；我要對你仁義公平，以慈悲不變的愛待你，使你永遠歸屬於我。我要以信實娶你歸我，你就認識我是上主。」

「愛」一詞，在英文和中文世界都肯定被濫用得很。我們愛各樣事情，由冰淇淋到設計師的服裝、小狗和兒童、朋友和國家、崇高的事業和個人利益。儘管詞語被濫用，我們知道它有深遠的意義。

我們記得，舊約和新約提出的基本誡命是要我們全心愛神。我們通常認為這是指神是我們首要效忠的對象。我們要尊榮神、祂的話語和祂的道路，勝過一切。我們所有的野心、計劃、盼望、價值——在我們心中，一切都要讓祂作主。聖經的愛，在根本上，是意志的事，是決定將生命的一切全交在神手中，絕不計較結果或者代價。

我們留意這裏所使用的專有名詞。愛與憐憫連結在一起。義與公平連結在一起。信實與承認主人的權利連結在一起。所以，擺在我們面前的，不是一個浪漫的愛，兩個相愛的人單單活在兩人的私人世界中。這愛與人類大家庭的連繫，是從未間斷的。神愛何西阿和歌篾，就如祂愛所有以色列人一樣。

從何西阿身上，我們學到一個功課：神的愛大過意志行動，大過私人關係。神的愛植根於神（神本身）最深處的愛慕或者渴慕，那就是要與我們連結在一起。人能想像最親密的關係，即男女的結合，成了用來表達神要與人建立親密關係的象徵。與健康的親密關係一同出現的，是極高的期盼和滿溢的能力。

愛之約是大地更新之本

在何西阿書二章 14 至 23 節，我們看見一幅破約重圓的圖畫。以色列看透了自己的愚昧，找到了一位可託終生的丈夫。神關愛祂的百姓，也有能力供應祂百姓的需要。當男和女尊重神所賜的關係，整個創造都要得福。請聽二章 21 至 22 節怎樣說：

耶和華說：
那日我必應允，
　我必應允天，
　天必應允地；
地必應允五穀、新酒，和油，
　這些必應允耶斯列民。

今天，我們都十分關注環境危機。我們污染地球，消耗自然資源，很有可能毀滅大地。為了我們的兒女和兒女的兒女，我們當做些甚麼來拯救地球呢？富裕的國家希望享受奢華生活，又不想多付代價。發展中國家以賤價出賣它們的產品和人。我們可以怎樣推動自己尋求高於現有的智慧呢？也許，歌篾和何西阿的經驗可供借鏡。

我們許多人與歌篾相似。要責難不忠的妻子並不困難。我們可能未能看出自己與公然犯罪的人有何關連。我這話是對我們這些城市人講的：我們活在城市之中，幾乎與供養我們的大自然或者農村生活完全脱節。我們終日受到廣告的轟擊，覺得身穿名牌的人不斷在品評我們。我們面對試探，以為美好的生活就是擁有物質奢華和安穩的生活。我們面對試探，一味要滿足自己的飢渴，不理別人要付出多少代價。我們有可能被迷惑，就好像歌篾一樣。

歌篾短視。她看見帶給她即時樂趣和報賞的人。她跟隨她的鄰居服事她們認為可以為她們提供美好生活的神祇。假如巴力是大自然的主，能賜人美好的物質生活，她便服事巴力。

可以怎樣喚醒歌篾呢？她得到的愛，是巴力不能提供的。巴力是自然界力量，不得不受制於自然。神的愛和人的愛（人是根植於神裏頭的），有著最深程度的意義。愛不受生產限制，不只求滿足動物的衝動，也不沉浸於浪漫的私人關係中。愛滲有憐憫、信實，也渴慕公正。夫妻的愛，像神的愛和人們的愛一樣，與對整個人類大家庭和大地的愛，彼此相連。

我們蒙召，當然是要為神那種愛的能力作見證。這愛使我們脫離狹窄的情慾主義，不再一味追求物質富裕和生活舒適。這愛使我們更多尊重神所愛的對象。我們對伴侶和家人的愛源於神所賜的動力。承認神是一切美好禮物的賜予者，實有智慧。在神所賜的禮物中，有使人相愛的能力。讓我們呼求神賜福我們每一個愛的關係。我們人類相愛的關係，可以成為神愛的出口。假如神臨在，那裏便有滿溢。出於神那種愛的關係，在每個層次，都會散發出憐憫、信實和對公正的渴慕。有了這種看見，我們便可以參與拯救我們自己的靈魂和我們的世界。

詩一首——何西阿的反思

我的愛人　把我出賣
服事巴力　為主為神
統管大地　她説他能
擲出閃電　灑下甘霖

愚人不知　歷史故事
先知從前　與王對峙
宣告雅威　操控雨天
土地龜裂　飢民自知
只有一神　全能作主

律法明示　罪無可恕
因何煩惱？因何猶疑？
神靈催促　要我恩施
她該受死　不再心痴
試問誰能　忘掉家醜？
不能不能　面子蒙羞

彷彿聽聞　天外傳音
上主細問　誰無罪痕？
多發亮光　堅持盼望

眾人瞎追　虛夢假神
我要關愛　哪怕受傷
總要贏取　回轉人心
我若等候　愛意重溫
你會作伴　抑隨別神？
我不罷休　永愛永親

禱告

主，祢將愛的需要深植在我們心中，
但我們總不能有智慧地愛、好好地愛。
求祢導引我們，不去愛使我們心靈卑賤的人和事！
求祢喚醒我們，假若我們疏忽而忘記孕育親柔關係！
求祢赦免我們，假若我們傷害和出賣我們所珍愛的人！

我們仰望基督，完全的愛人和朋友！
就如父與子活在完全的信靠中，願我們也活在祢裏頭！

阿們。

思考問題

❶ 你願意說出你曾以甚麼方式傷害神與你的相愛關係嗎？你願意說出你以甚麼方式傷害你與伴侶或者最好朋友的相愛關係嗎？

❷ 神赦免不忠的愛侶，你認為祂會有限度嗎？會有即使愛侶回頭也不肯要她的情況嗎？

❸ 是甚麼攔阻你赦免那些拒絕你愛的人呢？

❹ 你能否看出歌篾與新約那位行淫時被拿的婦人（約八章）有何關連？

❺ 試比較以西結書十六章的故事和何西阿的故事。兩者都以不忠的隱喻來形容以色列在宗教上的叛逆行為。以西結有何西阿書二章那種柔情嗎？

❻ 聖經收錄這個令人震驚的故事，用意何在？這個故事對聖經的本質有何啟示？

5
耶穌
與撒但扭鬥

經文：馬太福音四章1至11節

扭鬥的信仰

我們正在探究扭鬥的信仰這個主題。人與神扭鬥，神也與人扭鬥。聖經有許多激動人心的故事説明這個真理。雅各在夜間與神般的活物扭鬥，且相信與他扭鬥的正是神（創三十二章）。面對百姓失信，神與自己的失望和憤怒扭鬥，又與摩西分享祂的掙扎（民十四章）。

現在，我們看耶穌與撒但扭鬥的故事。他正受到為成功走捷徑的試探。馬太、馬可和路加都講到靈將耶穌推到曠野接受試驗。最多基督徒認識的是馬太的版本。馬太與路加同時提到三個試探，但是出現的次序並不一樣。馬太的記述將試探推上高潮的方式最教人印象深刻。首先，耶穌身處曠野的平地。之後，他被帶到耶路撒冷聖殿的高處。最後，他被帶上高山，使他可以看見地上各國在他腳下。

試探的舊約背景

舊約的故事與耶穌的故事在馬太筆下互相交織，十分精彩。在聖經頭五卷書中，我們讀到以色列人在埃及為奴四百年的故事。摩西是神施行拯救的助手。希伯來人神奇地逃出埃及，之後在西奈半島的曠野流浪了四十年。希伯來人沒有好好珍惜自由的恩賜和責任。在曠野裏頭，他們不斷埋怨神和摩西。耶穌也在曠野受試驗，但祂沒有埋怨神。祂的生命足以作為我們的生活典範。祂一直保持對神的信任。

申命記八章 1 至 3 節，這段經文值得我們緊記。它有助説明神引領祂的百姓走過曠野的意義。請聽以下一番説話：

> 我今日所吩咐的一切誡命，你們要謹守遵行，好叫你們存活，人數增多，且進去得耶和華向你們列祖起誓應許的那地。你也要記念耶和華——你的神在曠野引導你這四十年，是要苦煉你，試驗你，要知道你心內如何，肯守他的誡命不肯。他苦煉你，任你飢餓，將你和你列祖所不認識的嗎哪賜給你吃，使你知道人活著不是單靠食物，乃是靠耶和華口裏所出的一切話。

我們知道，耶穌在第一次受撒但試探時，也引用了這段經文。耶穌說：「人活著，不是單靠食物，乃是靠神口裏所出的一切話。」(太四 4) 撒但這一輪敵不過耶穌，因為耶穌不肯聽他的話，不肯把石頭變成麵包。耶穌不肯讓自己享有特權。

祂與我們完全一樣，我們也不能將石頭變成麵包。希伯來人等候神在曠野中供養他們；耶穌也在等。祂不肯接受以快速方法解決他的問題，不肯以特權謀取特惠。

三個來自撒但的試探

我們留意到，試探在耶穌接受施浸約翰的浸之後即時出現。這個浸禮是個公開行動，是公開工作的起點，是耶穌與我們所有人一樣的聲明。祂雖然沒有罪，卻選擇進入我們的歷史，成為我們人類處境的一部分。祂因飢餓和危險而吃盡苦頭，像我們一樣。祂經受要否妥協的試探。祂知道，要保持裏外合一、不肯出賣靈魂，必須付出高昂的代價。

在第二個試探中，撒但引用經文。真有趣，撒但懂得引用經文，是不？這個試探比第一個試探隱晦。這次，撒但提供經文，使耶穌可以合理地做出令人驚奇的事，以取得權力。撒但引誘耶穌從殿的最高點跳下去。這樣做肯定有助確立耶穌是神兒子這個宣告，人們因而必須聽命於祂。假如耶穌是神兒子，祂大可倚賴詩篇九十一篇 11 至

12 節這段經文。使者們就在附近，必會保護神的兒子。

耶穌以經文回應經文。祂引用申命記六章 16 節來回應：「不可試探主——你的神。」(太四 7) 任何行動計劃都有可能找到聖經作為支持，尤其是斷章取義的話。當然，這正是耶穌要教導我們認識的事。撒但並不理會神話語的上下文。

所有經文集於一起都是為了尊神為掌權的主。惟獨祂配得和應該執掌權柄。惟獨祂有充足智慧和能力作出良好管治。惟獨祂完全正直，不會為達到目的而撒謊和欺騙。撒但所給出的試探是錯用經文。這些試探抽空了經文的上下文。神和祂的使者要幫助忠信的門徒——不論代價多高，他們總願順服。

在第三個試探中，耶穌被領到一座高山之上。我不禁想起摩西站在毗斯迦山頂，遠眺應許之地。摩西不得越過約旦河，未能踏足神應許給祂百姓的新世界。但是，他可以看見將來的景象。馬太也有一些重要經文講到耶穌在山上。

在耶穌開始工作時，祂在山上。祂看見地上的國度就在腳下。撒但引誘祂，要祂承認撒但是人間政府的主。許多人都會同意，說到底，所有地上國度都靠妥協渡日，向咄咄逼人的、有財有勢的人傾斜。與現存的權勢談判，好同時得到歡樂和權力，豈不更好？

在馬太福音結束時，耶穌再次站在山上，這次在加利利。祂準備離開這個世界，回到父那裏。祂向祂的門徒頒佈命令。祂要他們要進到世界各國，傳講福音。新的國度、神藉基督建立國度的能力，正在發動。但是，這種能力並非來自對撒但的崇拜，也不是源於向咄咄逼人的和殘暴的政府靠攏。最終，人要確認基督是萬主之主，但不是藉撒但所提供的方法。

試探對耶穌的價值

希伯來書五章 7 至 10 節是很有意思的經文。它講到耶穌的人性。耶穌當然是神的兒子，有著特別的權力和目的，但祂也是馬利亞的兒子、人的弟兄。祂須——像我們所有人一樣——按照人的方式來成長。祂不是生下來便十足完全，乃要與神合作，才能掌握使生命有意義的生活方式。假如這種說法令那些強調耶穌是神的人感到奇怪，我們便要細讀希伯來書五章 7 至 10 節。請聽經文怎樣說：

> 基督在肉體的時候，既大聲哀哭，流淚禱告，懇求那能救他免死的主，就因他的虔誠蒙了應允。他雖然為兒子，還是因所受的苦難學了順從。他既得以完全，就為凡順從他的人成了永遠得救的根源，並蒙神照著麥基洗德的等次稱他為大祭司。

「他雖然為兒子，還是因所受的苦難學了順從。」

耶穌從撒但的試探學到甚麼？祂學到撒但懂得引用經書，然後加以扭曲，以榮耀自己，不肯服事神那更大的榮耀。祂明白到，撒但提供成功的捷徑，並為成功提供錯誤的定義。

撒但假設，我們所有人都好像他那樣：只顧自己，自私自利，不肯受一位超乎我們的智慧和渴求的神所管轄。撒但不會公然否定神的存在或者能力。他通常把神貶為二流角色。

第一，撒但引誘耶穌，運用祂特有的恩賜或者資源，使祂與其他人所感所受有別。要為自己享有特權尋找合理理由很容易。說到底，耶穌是神所揀選的兒子，必須好好照顧自己，方能完成任務。經過長時間禁食之後，祂已感到肚餓。將貌似扁平麵包的石頭變成真真正正的麵包，就如祂母親所造的麵包一樣，也很合理。

老實說，好好照顧自己，甚至偶而讓自己享受一番，本身並無不好。但是，在這特別時刻，撒但正在引誘耶穌隨自己方便或者為免痛苦而運用祂的能力。耶穌看清楚這個表面看來無傷大雅的意見背後的真相。藉著浸禮，祂剛宣告自己與所有人一樣。如今，在初次受到試驗之時，便要確立祂真正與我們所有人一樣，無須簡易答案，不用方便特權。

在第二個試探中，耶穌面對要令人驚歎祂的表現的引誘。祂可以輕易贏得人心；烏合之眾要的，往往是精彩表演和填飽肚子。但是，耶穌不會胡扯或者歪曲祂所提供的是甚麼。跟隨耶穌並不保證有駭人聽聞的刺激和利益。假如我們真的跟從祂，便要背起我們的十字架，一生活現犧牲的愛。

在第三個試探中，撒但引誘耶穌接受腐敗的權力和使人腐敗的強者，這些人好像正在管治世界。耶穌再次看透試探的謊言。殘暴奸狡的人可以管治一時，在世界裏頭釋放可怕的苦難。但是，腐敗的人間勢力絕不能存到永遠。權力慾和在道德上讓步，本身藏有一種病毒，最終會將宿主毀滅。惡毒不仁的獨裁者不可能隨時隨地、永遠保住他們的性命。總會有另一個殘暴的力量埋伏在附近，等待弱點暴露的時機。只有神和神的國可以忍受得住。所以，從這幾次與撒但交手的經歷中，耶穌汲取到不少功課。

試探對我們的價值

耶穌所學到的功課早已銘記在福音書中。我們可以向祂學習。首先，福音書提醒我們小心撒但可能以不同形態出現。假如撒但出現的形態永遠都是頭上有角、手持草叉的鬼魔，事情便好辦。但是，宇宙間的邪惡力量常以不同方式在世界中出現。它可以化身成為聖經提到的試探者。它也可以深藏在人的心思中，哄使我們不肯絕對信靠和效忠神。它也可能是一個笑裏藏刀的人，表面好像關心我們，實質是誘導我們偏離盡心靠神的窄路。

福音書又提醒我們小心界定何謂成功。渴望能夠影響我們身邊的人，或者擁有權力，並無不妥。渴望生活美好，有一點財富和享受，也不是錯的。我們的問題好像沒有出路時，求神幫助我們，也很合理。但是，與更高的目標相比，這一切都屬次要。

我們蒙召，是要盡心、盡性、盡意、盡力愛神。我們蒙召，是要愛一切恩賜的賜予者，勝於愛恩賜本身。我們蒙召，是要接受艱難和問題，視之為有助成長的工具，也使我們與其他人類兄弟姊妹連成一體。我們蒙召，是要相信為愛犧牲勝過服事一己私利。我們蒙召，是要相信神的義，祂那撥亂反正的工作，最終必然得勝。我們蒙召，是要與神同工，分享祂的看見、痛苦和最後勝利。你認為有比這種生命更好的生命嗎？

備受試探的耶穌價值至高

創造的神，以獨特的方式，進到我們的世界，是基督徒信仰的榮耀。祂以救贖的慈愛大能充滿祂的兒子耶穌基督。祂自甘成為脆弱，也邀請我們投入這種生活。祂不會強迫或者迫使我們順從。祂要忍受被羅馬官員棄絕和猶太羣眾拒絕承認祂的兒子和祂那樣的國度。祂，為我們的緣故，要將代表棄絕的十字架轉化為愛的犧牲。祂要表明，沒有任何人和事可以攔阻祂愛那些謙卑得以致看到祂在十架上的能力之人。祂要把那復活的兒子，那不能被撒但或者死亡擊倒的一位，獻給我們，作個能體恤的救主。

請聽希伯來書四章 14 至 16 節這段滿有榮光的經文怎樣說：

> 我們既然有一位已經升入高天尊榮的大祭司，就是神的兒子耶穌，便當持定所承認的道。因我們的大祭司並非不能體恤我們的軟弱。他也曾凡事受過試探，與我們一樣，只是他沒有犯罪。所以，我們只管坦然無懼地來到施恩的寶座前，為要得憐恤，蒙恩惠，作隨時的幫助。

禱告

主，我們被試探四面包圍。
有人呼喚我們只管享樂，不理後果；
有人呼喚我們只管賺錢，不擇手段；
有人呼喚我們只為自己，不顧別人。

主，祢也曾面對試探，明白我們的境況。
求祢賜我們眼界，看見一個互相關愛的世界社羣！
求祢賜我們智慧，看清光環的浮淺和承諾的空洞！
求祢賜我們勇氣，斥責和消除任何有損心靈的噪音！

奉基督、經得起考驗的弟兄和有力拯救的主之名。
阿們。

思考問題

❶ 你最難勝過的試探是甚麼？

❷ 可否分享一些克勝犯罪試探的經驗。是甚麼助你得勝試探呢？

❸ 你能體諒那些落在試探之中的年青人嗎？是甚麼塞住你那憐憫的心？

❹ 你能體諒那些想過不忠或者不誠實的成年人嗎？是甚麼塞住你那憐憫的心？

❺ 你能體諒那些想過放棄的長者嗎？是甚麼塞住你那憐憫的心？

❻ 你能成為體諒社羣的一員，幫助人尋找出路、抵擋催殘生命的試探嗎？

6

耶穌

與必須發生的事扭鬥

經文：路加福音九章 28 至 36 節

門徒為接受基督即將捨命作準備

馬太、馬可和路加都談到，有一日，神的榮耀突然衝破屏障，照亮在山上的耶穌。耶穌上山頂，為要禱告。祂帶著三位特選門徒，即入室弟子彼得、雅各和約翰。聖經告訴我們，三人都沒有多談這次畢生難忘的高峯經驗。他們——耶穌也一樣——要做好準備，接受人子將要受苦犧牲。

三位門徒後來去到客西馬尼園。在這園中，我們知道，耶穌內心極其難過，向父禱告，祈求不用經歷快將來臨被棄和死亡的痛苦經驗。門徒與耶穌同在一起，但馬太福音二十六章 37 節告訴我們，耶穌要進到園子深處，便請彼得、雅各和約翰留在離自己不遠的地方。祂說：「我

心裏甚是憂傷，幾乎要死；你們在這裏等候，和我一同警醒。」（太二十六 38）

耶穌為自己接受即將死亡作準備

山上變像的經歷是天父助佑的恩賜，跟受浸經歷有異曲同工之妙。耶穌受浸之時，傳來了天父的聲音，說：「這是我的愛子，我所喜悅的。」（太三 17）在變像經歷即將完結時，也有天父的聲音，說：「這是我的兒子，我所揀選的，你們要聽他。」（路九 35）有些事情必須發生；耶穌是神拯救罪人的方法，祂要作出愛的犧牲。

藉著這次經驗，神怎樣為耶穌接受即將死亡一事作準備呢？祂引導耶穌進行對話，與其文化遺產進行活潑交流。耶穌與舊約兩大先知摩西和以利亞交談。兩位先知都有過山上的經歷，都曾得到神榮耀的蔭庇和訓示。

（一）與摩西交談

摩西在西奈山上得到神的感動和引導。首先，他前去察看荊棘在燃燒但沒有被燒毀的奇景。神引起他的注意。在那個時候，神頒佈祂那獨特的名：我是我、我將要做我所做成的。這位亞伯拉罕、以撒和雅各的神，賜給摩西新的啟示。這位神是自由的主，按祂的心意做要做的事。

摩西在西奈山上獲得第二個啟示。在帶領他的百姓離開埃及為奴之地、進到曠野之後，他帶領他們來到西奈山下。在這裏，他請百姓等候他，因為神命他上山，為百姓的將來，領受話語。

神是自然界的主，也是歷史的主。神用自然界來強化祂給我們的信息。聖經告訴我們，在那一天，摩西上山，有閃電、雷轟和厚雲蓋住這山。神在火中降臨，山便震動。百姓早已奉命潔淨自己，並與山保持距離。這是禁戒，不能越界。神要與祂所愛和揀選的僕人摩西交談。百姓要站在一旁，守望、禱告，等待神將要賜下的話。

當摩西與耶穌交談時，他一定有很多用得著的提示跟耶穌分享。他跟耶穌有許多相似的地方。摩西，跟耶穌一樣，感到聖靈在生命中的推動，呼召他承擔個人無法獨力完成的工作。摩西，跟耶穌一樣，面對百姓的憤怒和棄絕。不只一次，摩西身陷險境，幸好有神及時伸出援手。摩西，跟耶穌一樣，在山上領受特別啟示。摩西，跟耶穌一樣，在與神交談之時，散發榮光。

請回想出埃及記三十四章29節怎麼說！摩西從西奈山下來，臉上發光。他的親生哥哥也不敢接近他。摩西便用帕子蒙臉，好使看見他的人不致太過恐懼。但是，當摩西轉頭與神交談之時，便把帕子除去，彼此關係極其親密。

(二)與以利亞交談

以利亞也有過在山上與神相遇的經歷。前後兩個經歷都很觸目。在迦密山上，以利亞提出與巴力的先知比試。以利亞準備好給神的祭，便求神降臨，用火焚燒。巴力的先知也給他們的神預備好祭物，也求巴力降臨，用火焚燒。你還記得列王紀上十八章那個場面壯觀的情景吧！

這是一個危險的比試。先知以利亞單獨一人，站在祭壇旁邊。面前是八百五十個巴力的先知，有國家作為後盾，更得到異教徒王后耶洗別的支持。雖然以利亞贏了，卻令自己身陷險境。事實證明巴力是個不在場和無能的神祇。真神雅威帶著火降臨，將為祂準備的祭燒盡。異教的先知們於是被圍觀的以色列人追殺。

以利亞應該高興。但是，他收到消息：王后耶洗別定意要置他於死地。她絕不會改拜以色列的神。她認為自己所屬的文化更加優越，自己所支持的宗教也更加優秀。以利亞被迫逃亡。往哪裏跑呢？

以利亞跑向何烈山。許多學者認為，何烈山是西奈山的別名。在這裏，以利亞第二次與神相遇。當以利亞隱藏自己，不知道該怎樣行的時候，神向他說話。祂問以利亞在這人煙罕見的山上做甚麼。以利亞解釋說，他在高舉真正的信仰，以色列的真先知卻被宰殺。只有他活著。神命令他從藏身的山洞中出來。在洞口，他要看見大自然的神所行的事。之後，有地震、有風、有火，但神沒有藉這些事說話。我們還記得那句名句：「神在平靜微小的聲音中說話。」

雖然神是大自然的主，也可以指揮大自然的力量，卻選擇清楚說話。我們要記得神那「平靜微小的聲音」作出了明確的指示。那平靜微小的聲音吩咐先知做三件具體事情：他要膏立新的以色列王、新的敍利亞王和接替他的工作的新先知。

當以利亞與耶穌交談的時候，他自然有許多事情可以分享。他們有很多相似的地方。以利亞，跟耶穌一樣，證明神是大自然的主。以利亞呼叫火從天降下，燒盡一個特別的祭。福音書的故事也講到耶穌平靜大風暴和施行神蹟。兩人都知道，神選擇清楚說明祂的意向，不會將自己隱藏在驚人的能力背後。奇異和奧妙的舉動只為更高的目的，即是強化神的呼召，祂清楚指示人當怎樣與祂一起活在聖潔和慈愛之中。

兩人都知道揭開流行宗教的面紗和直斥假神是危險的行為。以利亞要應付一個信奉異教的王后和一個甘心妥協、立場軟弱的希伯來君王。耶穌也要面對信奉異教、不體諒猶太人抗拒別神而只信獨一真主的羅馬勢力。祂要應付善於妥協的君王和為政治權宜和利益可以出賣自己靈魂的領袖。

摩西和以利亞為耶穌作好準備幫助祂接受死亡，那是殉道者之死，是一個完全正直的人之死。

故事的實用意義

我們與這個故事有甚麼相干呢？我曾經多次宣講這段經文，我最喜愛和常在我面前的聖像就是耶穌變像的聖像。其中有著許多不同層次的意義和應用。

(一)個人與聖經交談

我們面對問題時，需要神的指導。請記得神怎樣幫助在山上變像的耶穌：「請記得你是誰：聖經之子、鮮活歷史之子、跟所有與神同行的人同作聖徒的人。」我們從過往的故事、從前人學到的功課汲取養分，以滋養自己。我們不能只讀文字，也要運用想像力，在禱告中探求，還要有聖靈的能力。

請記得路加將這個故事植根於禱告經驗之中。路加告訴我們，耶穌沉浸在禱告之中，得到神榮耀同在的充滿。祂與透過經卷故事而認識的人對話，一同掙扎，好向他們學習，從他們的經驗中汲取教訓。

(二)期待在神聖的美麗中成長

哥林多後書三章18節這段美麗的經文，繼續闡述神的榮光在神所選召和蒙愛的僕人身上，即摩西、耶穌和你身上，散出來。請聽這段經文怎樣說：

我們眾人既然敞著臉得以看見主的榮光，好像從鏡

> 子裏返照，就變成主的形狀，榮上加榮，如同從主的靈變成的。

保羅引用出埃及記的故事：摩西從西奈山下來，滿臉榮光。他與神緊密相連。他的百姓因此害怕他，令他要蒙著臉。保羅將所有基督徒比作摩西。我們若倒空心中愚昧的驕傲，讓基督住在我們裏頭，便會散發恩光。我們不用隱藏我們的面貌，不讓別人看見，因為我們都從對方身上看見新生的美麗。

我們不想誇大基督門徒的美貌。許多時候，我們好像耶穌身邊的入室弟子；我們都像彼得、雅各和約翰。我們有幸得到特別的經歷和看見，但我們還是未曾完全明白我們所見所感的是甚麼。門徒不是完全的人，有時也會出賣所看見的美麗視像。但是，衝動魯莽的彼得也有美麗的一面。他受教也能幹。他軟弱又脆弱，卻仍竭力跟隨耶穌。彼得的表現激勵我們。容易受傷和順服的門徒極其美麗，吸引我們親近滿有榮耀和屬天之美的主。

德蘭修女（Mother Teresa）之美常常令我著迷。論外貌，她並不美麗，一位滿臉皺紋、背部微彎的老姊妹。不久之前，世人得知她有長期靈裏枯乾的經歷，絕少感到喜樂和神的同在〔編按：參布萊克．克洛迪舒克（Brian Kolodiejchuk）所編的《德蘭修女——來作我的光》（*Mother Teresa: Come be My Light*）一書〕。但是，她仍舊忠於她的誓言、她所蒙的召，即是遵行耶穌在馬太福音二十五章所講的話。她服事貧中之貧，並相信她觸摸神那些貧乏的兒女就是觸摸基督。

當德蘭修女蒙召作宣教士時，她有一個與神相遇的特別經歷。後來，她蒙召離開安舒的學校去服事垂死的人，因為她又有一個特別的經歷。但此後多年，再也沒有靈裏喜樂的出神經驗。我為世人知道更多有關她的事迹感恩。我本以為她是一位簡單的姊妹，有著一個簡單的農婦信仰。我本以為她在服事窮人時，常有喜樂。我過度簡化了她信神的深度和複雜程度。

也許，神賜福她，就如祂賜福祂的兒子耶穌一樣。在擺在前頭的苦難未到之前，兩人都領受過洞察和榮耀的一刻。兩人都順從他們的看見，即使感到被棄，仍然堅持到底。耶穌的呼喊：「我的神！我的神！為甚麼離棄我？」（太二十七 46）這彷彿也是德蘭修女常有的呼聲。

心靈的美來自十字架散發的光輝

這幅圖畫散發出屬靈的美，極其動人。在我們眼前的，不是一幅色調柔和、人物掛著平板幸福笑容的圖畫。最深的美不是一張外表美麗的臉。雖然難以解釋，我們還是可以將美麗的臉和美麗的靈區分開來。這種美必須來自我們本性中最深的部分。當我們內裏的生命得到平安，驅除了榮耀自己的心魔，屬神的光輝便會透過我們的心靈流露出來。

這種美源自基督的十字架，祂可以重新創造我們。我們稱祂為救主，請祂為我們做我們不能為自己做成的工。我們呼喚祂賜我們信心，使我們放膽與神一同上路，放下只知追求即時滿足和權力的浮淺生命。我們並不抗拒基督的十字架，也不渲染基督的十字架。我們與祂同行，由祂帶領我們到祂要我們去的地方……

我們呼男喚女追求真實圓滿的生命，滿有懷疑和信心，滿有喜樂和痛苦，一切都有著無盡的意義。我們呼喚人在信中投向神，在祂看來十分親近的時候，也在祂看來不在的時候。我們呼喚人容讓神用祂的榮光照亮他們。我們呼喚基督徒肯定自己是神獨特的、美麗的見證人。

禱告

主，祢是好老師，祢接受別人的指導。
就如祢看重父母的指導，
我們也看重我們父母的指導！
就如祢看重正義的先知聲音，
我們也看重他們的聲音！
就如祢看重摩西的神聖律法，
我們也看重這律法！

美麗的救主，
祢藉禱告和神的恩惠得到轉化。
求祢也轉化我們，使我們成為管子，
散放祢的光和恩典！
求祢幫助我們接受必須發生的事，
與祢一同成全工作！

阿們。

思考問題

1. 耶穌因與摩西和以利亞交談，得到力量。他們怎樣幫助祂？他們與祂有相似的經驗嗎？
2. 你感到困乏時，跟哪一位聖經人物交談最能幫助你？哪一位的處境跟你的處境最相似？
3. 你感到困乏時，可以跟哪一位現代文學或電影的角色交談？
4. 你感到困乏時，跟哪一位現存的朋友交談會有幫助？
5. 變了面貌的基督既美麗又有榮耀。在你認識的人中，有散發基督榮美的人嗎？
6. 耶穌經常上山，與神靜對，為必要來到的事作準備。你可有尋找一些特別的地方，遠離人羣，與神相交，為你必須承擔的任務作準備呢？

與期待的信仰扭鬥：
將臨期的信息

7

約伯

期待代求者

經文：約伯記十九章 25 至 26 節

慶祝將臨期的價值

慶祝將臨期，即聖誕前的四個禮拜，就是為聖誕日作好準備。從一個角度來看，我們每天都在慶祝聖誕，因為我們每天都在活出耶穌基督降世的恩賜。從另一個角度來看，我們一年一次特別慶祝聖誕，是為了凸顯聖誕的神蹟，全能的神以人類弟兄和救主的形式來到我們中間。

將臨期幫助我們與歷世歷代期待彌賽亞誕生的舊約百姓連成一體。基督徒不再期待彌賽亞降臨；彌賽亞已經帶著能力進到我們生命之中。如今我們期待另一件事：我們期待彌賽亞再次降臨，結束人類歷史。我們期待神每天為我們開創服事祂的新機遇。

神的百姓是活在期待中的百姓。事實上，我們是活在兩大現實之中：我們期待得著神的能力，好做新事；我們又宣稱已得著神的能力，在當下活出有用的生命。我們期待，我們也宣稱。我們如今有神的作為和能力；我們也期待神有新的作為和彰顯能力。

在這個關於將臨期信息的部分中，我邀請大家探究四位期待神賜下新話語的舊約聖徒。他們就是約伯、傳道者或傳道書中的王、以賽亞和耶利米。這四個信息與將臨期四枝分別代表盼望、喜樂、平安和仁愛的蠟燭，有一定關連。我發現有以下連繫：約伯期待盼望；傳道者期待喜樂；以賽亞期待和平；耶利米期待仁愛。這一切都因耶穌基督滿有榮光的臨在得到圓滿。祂是我們的盼望、和平、喜樂和仁愛。祂是神的圓滿，在我們這個又黑暗又缺乏的世界中散發光芒。祂是所有經書和啟示的福音中心。

約伯的認信

首先，我們來看看約伯的經典故事。約伯是經得起考驗的聖徒、活在期待中的聖徒、得到回報的聖徒。我們會看約伯記十九章 25 至 26 節這段著名的經文：

> 我知道我的救贖主活著，
> 　末了必站立在地上。
> 我這皮肉滅絕之後，
> 　我必在肉體之外得見神。

這段經文存在兩大疑難。這段經文的原文(希伯來文)的意思很難翻譯得準，大部分人認識這段經文是透過偉大音樂家韓德爾(George Frideric Handel)的作品。韓德爾的《彌賽亞》(*Messiah*)散發出極其濃厚的基督教色彩，使我們不得不備受感染。他的聖誕音樂一響起，我們便即時放下約伯的掙扎，迎接聖誕的確據和歡欣。

我們假設，經文的意思十分清楚透徹，無須跟整卷約伯記的信息扭鬥。多年以來，我們都迴避宣講這段經文，因為怕扭曲了它的意思。現在，我已經六十多歲，與聖經相處了一段很長的時間。現在是時候讓這段經文說話。雖然有些問題仍舊存在，但這段偉大不凡的經文實在有太多值得講論的地方。

舊約學者稱為智慧文學的約伯記和傳道書，同屬質疑傳統屬世智慧的作品，它們呼求神賜下新的話語。一位敬愛的老師說過，傳道書是一個黑沉沉的奧祕，以一個智慧的呼喚作結，要人敬畏神和遵行祂的誡命。約伯記則是一個亮光光的奧祕，以一個福音信仰的見證作結，宣告生命有一個光明的奧祕。謙卑、期待的約伯得著親身與神相遇的經驗作為報賞。儘管神的行事方式有時神祕難測，我們還是可以認識與神交往的密切關係。

約伯最終得到平反。這個平反極其珍貴，因為約伯要等待神特別的話語。他經歷痛苦和疑問，使他需要神親自降臨，得見神的榮耀。

我們現在來讀讀約伯記十九章。開始時，約伯回應朋友比勒達的第二輪講論。十八章的陳述展示了罪人的命運極其可怕。比勒達假設約伯必定是犯了滔天大罪；不然，他怎會受這麼大的苦和失去那麼多？在陳述當中，比勒達說：惡人的光要熄滅（伯十八 5）；他的皮要被疾病消磨（十八 13）；他的兒女不能存活，無法延續他的名（十八 17）。比勒達講出了約伯的外表情況：他失去了健康，也失去了他的兒女。在人眼中，他是受咒詛的，他有罪。他沒有盼望，也沒有光。

約伯，不出所料，在所謂智慧朋友恃強淩弱的神學面前，他一點也不退讓。他抗議到底，宣稱他是無辜的。許多時候，他呼求神開口說話。他是受教的；他期待解釋。在約伯記十九章，他講到他盼望有救贖者。這便引出 23 至 27 節的經文。

他希望他可以用鐵筆和鉛寫下他的話，把他的話刻在石頭上。他要他的話得人記念，不會失落或者消滅。他要永遠記下他的呼求、他的自辯、他期待神說話的心聲。之後，他表達出第二個願望，這是一個肯定。他期待有一位救贖者，一位到來為他辯護的人。

「救贖者」這個詞語，在舊約裏頭，通常指一個家裏人，這人為另一位家族成員伸冤。民數記三十五章 19 節談到，一位救贖者處決了一個殺死他一個家人的兇手。申命記十九章 6 節講到一位救贖者，在一位錯手殺人的人進入逃城之後，要給他一條生路。路得記講到，路得找到一位親屬與她結婚，與她生孩子，好延續已故丈夫的名。家族的名因而得到救贖，不致被人忘記或者在以色列中消失。約伯失去他的兒女事關重大。誰會成為他的救贖者呢？

約伯的信心跳躍

有時，「救贖者」一詞是指神本身。在出埃及記六章6節，神跟摩西說話，講明來意。神要親自救贖祂的百姓，希伯來奴隸要離開埃及為奴之地。約伯心裏想著甚麼？他實際上想過好幾件事情，最後作出一個信心的跳躍，相信他將會得著救贖。

在約伯記九章32至35節，約伯因為在神和自己之間沒有救贖者或者仲裁人，感到哀傷。請聽他的呼聲：

他本不像我是人，
　使我可以回答他，
　又使我們可以同聽審判。
我們中間沒有聽訟的人，
　可以向我們兩造按手。
願他把杖離開我，
　不使驚惶威嚇我。
我就說話，也不懼怕他，

現在我卻不是那樣。

在十六章 18 至 22 節，我們聽到約伯再次傷心地呼喊：

地啊，不要遮蓋我的血！
　不要阻擋我的哀求！
現今，在天有我的見證，
　在上有我的中保。
我的朋友譏誚我，
　我卻向神眼淚汪汪。
願人得與神辯白，
　如同人與朋友辯白一樣；
因為再過幾年，
　我必走那往而不返之路。

然後，我們來到十九章 25 至 27 節的黃金經文！

我知道我的救贖主活著，
　末了必站立在地上。
我這皮肉滅絕之後，
　我必在肉體之外得見神。
我自己要見他，

親眼要見他，並不像外人。

在約伯記最後一章，約伯覺得自己得到平反，便作見證，說他親眼見過神。請聽他的見證：

我從前風聞有你，
　現在親眼看見你。
因此我厭惡自己，
　在塵土和爐灰中懊悔。（伯四十二5～6）

約伯只求有代求者、救贖者，卻收到神的說話。他得到的比他求的多許多。在一位滿有恩典、可以交談的神面前，他惟一的反應就是謙卑地換心轉意。他的宗教得到深化，他親自經歷到神。他的神學也得到擴大，因為神沒有提供那些理性的、敬虔的人所渴望得著的答案。

約伯的呼喊——為新約的聲音開路

約伯，在某方面來說，預示了基督徒的經歷。受挫、期待的約伯找到恩典、平安和新的開始。他在今生有盼望，展望將來也有盼望，他的兒女將延續他的名字。更有意思的是，為求有救贖者和代求者發出呼求的約伯，他自己成了代求者。在約伯記四十二章7節，神說，祂惱怒他的三位朋友，因為他們沒有好像約伯那樣，正確地論說神。約伯看似堅拒順服，卻因他的正直得到神的欣賞。神可以赦免他的三位朋友，但必須由約伯為他們代求。他們的傳統神學，恃勢凌人，並未得到神的認可。約伯在痛苦中因信而期待上主，才是偉大心靈的記號。

但是，新約以新的及最豐富的方式再一次圓滿約伯的故事。盛載約伯式思想的舊酒袋給基督徒喜樂的新酒綻破了。我們不單有神充滿説服力的演説，教人放眼祂的創造。神在約伯記三十八至四十一章的講話確實畫出了一幅令人生畏的圖畫，當中的神完全主導世界。

在新約裏頭，我們在耶穌基督身上看見神。我們不單看見大自然的殺傷力、獅子的狂野、飛鷹的自由、或者人稱為海怪的巨獸，還看見一個人，一個從祂身上可以看見神的人。從耶穌基督、這個門徒可以觸摸的弟兄身上，我們看見神在作工。滿有威儀的能力不單由大自然得著保存而得以表明出來，更由瞎子、瘸子得治，飢者得飽，孤苦心靈得安慰，苦毒、受咒詛、有罪患的人得醫治，而得以釋放出來。滿有威儀的能力由基督彰顯出來：一個完全正直的人，被釘在十架上，親身背負我們的罪和罪疚。

約伯求有公證人、辯護人和救贖者。神便親自透過令人大惑不解的問題與人同在。我們求有公證人、辯護人和救贖者。神便藉耶穌基督降臨，做出兩件奇事。基督是救贖者，祂救我們脱離滅亡。基督是啟示者，祂帶來更多問題。祂帶著啟示的光來到，讓我們知道神何等渴望愛我們，還作出犧牲，好得著我們作為祂特別的兒女。這就是聖誕的福音。我們敢於相信嗎？

禱告

主，我們需要一位辯護人，
一位為我們站起來的人。
感謝祢，因為基督耶穌給我們
照明了祢的道路！
感謝祢，因為祂有能力明白我們的處境，
又為我們代求！

我們想起許多人，他們生前，
無聲無息，無人尊崇。
讓我們作辯護人，為那些需要我們愛，
需要祢恩眷的人發聲！

阿們。

思考問題

❶ 請回想約伯的故事。他的朋友因何是差勁的代求者？

❷ 神喚醒約伯放眼偉大的創造，藉此彰顯祂的能力。這樣做能幫助人從新的角度進行思考嗎？

❸ 約伯聲稱，他親自從神那裏得到啟示（伯四十二5）。這與新約基督徒的見證有何相似之處？不同之處？

❹ 約伯作出了信心的跳躍。基督徒藉基督與神建立了關係，還需要作出信心的跳躍嗎？你可以說明這些情況嗎？

傳道者
期待喜樂

經文：傳道書一章 1 至 11 節

活在期待中的新、舊約聖徒

將臨期是期待的時節：我們正等著慶祝聖誕。即使基督已經來了，我們也每天活出祂的大能，許多基督徒仍舊渴望重演期待第一個聖誕的到來。很久很久以前，伊利莎白和馬利亞期待誕下她們的寶貝兒子：施浸約翰和耶穌基督。很久很久以前，年紀老邁的聖人在耶路撒冷聖殿期待彌賽亞的出現：亞拿和西面（他們的故事可以在路加福音二章找到）。很久很久以前，先知們預言一位理想君王、大衛的兒子將要降生：彌迦和以賽亞。

傳道書的黑暗世界

現在，我們看看傳道書的信息。傳道書沒有直接說明透過一章講話的人是誰。傳道書稱他為大衛之子，一位享盡世上各種樂趣和能力的君王。他是一個厭倦世界的人，一個飽經歷練、渴望有喜樂的人。拉比和教父一直認為這個人就是所羅門。他是傳說中坐擁巨額財富的君王。他嘗盡人世間所有福樂之後，感覺空虛、力疲。

請聽傳道書一章怎麼說！如果人不熟識聖經，以為書中盡是歡樂聲音，他便要為面對驚嚇作好準備。我們必須聽聽惡號，才能欣賞好消息。我們不可能明白福音的滋味，除非我們自覺極度需要神為我們的生命編寫新的一章。《現代中文譯本修訂版》的譯文最有力。請聽以下來自傳道書一和二章的話：

在耶路撒冷作王、大衛的兒子、傳道者的語錄。
傳道者說：
　空虛，空虛，
人生空虛，
　一切都是空虛。
人在太陽底下終生勞碌，
　究竟有甚麼益處？
一代過去，一代又來，
　世界老是一樣。
太陽上升，太陽下沉，
　匆匆地趕回原處……（一1～5）

萬事令人厭倦，
　無法盡述。
眼看，看不飽；
　耳聽，聽不足。
發生過的事還要發生；
　做過的事還要再做。
　太陽底下一件新事都沒有。（一 8～9）

我自言自語：「來吧，試一試享樂。來享享福。」可是，這也是空虛。我發覺嬉笑是狂妄，享樂毫無益處。為追求智慧的心願所驅使，我決心藉酒自娛，尋求快樂。我想，也許這是人生在世的短暫歲月中最好的生活方式。我大興土木，為自己建造房屋，栽種葡萄。我修造庭院果園，種植各種果樹。我挖掘水池，灌溉樹木。我買來男女奴隸，也有生在家裏的……我為自己積聚君王的金銀，各省的財寶。我有許多歌唱的男女，有無數的妃嬪，隨心所欲。（二 1～8）

可是，當我回顧自己的成就，
　思想所付出的辛勞，
我領悟到一切都是空虛，都是捕風；
　太陽底下的一切都沒有益處。（二 11）

是的，我看出智慧勝過愚昧，
　恰如光明勝過黑暗。
聰明人看得清楚前面的道路；
　愚笨人卻在黑暗中摸索。
可是，我也知道，
　他們的命運終究都一樣。（二 13～14）

全書開頭的基調極其暗晦。對我們這些從小閱讀《和合本》的人來說，我們心中的名句自是：「虛空的虛空，凡事都是虛空。」這個譯文令書中的哀愁變得很有詩意。但是，我們理應感到全書開頭的震撼。希伯來文 *hebel* 的中文譯詞是「虛空」。直譯就是「霧」，是並無實體的薄雲。生命如霧，變幻莫測，難以掌握。我們可能渴望生命像堅實的地土或者傾盤大雨，但生命有時好像雲霧，無法掌握，也難以操控。譯詞可以著重沒有實體或者一無是處。這不是個意義正面的詞語，我們需要另一個現實。

幾年前，趁安息年假期，我到英國奇切斯特（Chichester），在那裏住了一段時間。這是一個小小的座堂市鎮，是英國中古時期一位偉大聖人的家鄉。這位聖人名叫奇切斯特的李察（Richard of Chichester）。我希望到訪這個市鎮，因為這是兩位偉大的牧者／主教所珍愛的市鎮：奇切斯特的李察和第二次世界大戰期間結交潘霍華

（Dietrich Bonhoeffer）的貝爾主教（Bishop Bell）。在遊客服務中心，我遇上一位女士，她幫忙我在當地大學找到一個舒適的房間。

起初她以為我是個教師，之後她問我是牧師不是。我說，兩者都是，一個牧師教師或者教師牧師。她很感興趣，於是對我說，她聽過一些精彩的舊約講座。她問我對傳道書有何看法。不認識我的人，即使基督徒朋友，一般都不會問這樣的問題。我把我的想法告訴她，說傳道書是高聲呼喚新約出場的聲音。她面露喜色，說她的老師也是這樣想。他以傳道書來開始他的神學課，而不是創世記。他認為，傳道書凸顯人需要聽聞神的恩言。那時，我把這話記在心中。當我有機會傳講迎接聖誕的信息時，總會講傳道書。

偶有光明

儘管傳道書色調低沉，但也偶有光明。為了公平看待全書見證，我們必須談談這些光明時刻。老哲王發現，生命中也有好東西，這使他仍有信心，不致全然崩潰。

老哲王看盡人生百態之後，發現生活簡單讓人得到最大喜樂。傳道書二章24節這樣說：

> 一個人能夠吃喝，享受他辛勞的成果，便算是幸福的了。

這個思想在五章18節再次出現：

> 我的看法是：美好的人生不如在上帝所賜短暫的一生中吃喝，享受在太陽底下辛勞得來的成果；這是人的命運。如果上帝賜給人產業財富，讓他享受，他就應當接受並享受勞碌的成果。這是上帝的恩賜。既然上帝讓他快樂，他不必因為人生的短暫而憂慮。

這個忠告看似簡單，卻是極有深度。我們可能因貪求美食而失去清茶淡飯的福樂。我們可能因貪愛自己沒有的東西而失去一夜安眠的幸福。

　　但是，傳道者君王還有其他忠告：與人結連也是幸福，能給人力量。請聽四章9節之後的老實話：

> 兩個人總比一個人好，
> 　因為兩個人合作效果更好。
> 一個人跌倒，
> 　另一個人可以扶他起來。
> 如果孤獨一個人，
> 　跌倒了沒有人扶起他來，
> 　他就倒霉了。
> 兩個人同睡彼此都暖和，

一個人獨睡怎能温暖呢？
兩個人合力可抵抗一人的襲擊，
單獨抵抗就無把握。
三股合成的繩子是不容易拉斷的。

照樣，忠告簡單、基本。身為一個大半生都住在亞洲的美國人，我留意到亞洲人非常重視族羣生活。今天，我絕不會一個人上茶樓。要找一個一人座位並不容易，看見其他人邊吃邊談也會感到有點孤單。看見小學生若無其事地攬著同學在街上走，也已經習以為常。當然，香港也有孤獨的人。在羣體活動中，人仍舊可以感到極其寂寞。我們需要朋友，背負我們最深處的重擔。最後，我們需要神，惟獨祂可以滿足我們最深處的需要；祂也是靠得住的朋友，完全支持我們，滿有能力和恩典。

傳道者君王告訴我們，生命也有光明的一面。我們可以珍惜簡單的樂趣，享受身體基本需要得到滿足的歡愉。我們可以把握與朋友同行的力量。最後，老哲王以一句敬虔的話結束他的反省。傳道書十二章13節以下這樣説：

一切的話都説完了，
總結一句：要敬畏上帝，
謹守祂的命令，
因為這是人人應盡的義務。

我們所做的一切，
　或善或惡，
連那最隱祕的事，
　上帝都要審判。

雖然目前，甚或有生之年，我們都可能無法看見公正得到伸彰，但我們可以肯定，神要對萬事進行審判。道德律仍然存在。傳道者先前早已提到這點。在十一章9節以下，傳道者警告少年人說：

年輕人哪，快活地過你青春的時光吧！
趁年輕時歡樂吧！
隨心所欲
　做你喜歡做的事吧！
但是要記得，
　上帝要按照你的行為審判你。
不要讓任何事使你煩惱，
　使你痛苦；
　因為青春不能長駐，是空虛的。

整段說話是典型傳道書的語調。儘管少年人可以快樂，可以盡情探索，但少年人必須小心，因為少年時代必會過去，到最後我們便要承受我們的選擇帶來的後果。

馬太筆下的智慧王

讀傳道書，我們可以聽聞耳邊有另一把聲音。在馬太福音書，我們有耶穌的說話，祂是智慧教師和新國度的主。祂同樣談到積儲財寶的虛空和徒添焦慮。祂同樣談到享受神賜我們的基本所需。祂與一小羣朋友共享生命。祂教人認識神的主權，知道我們要為我們所有的行為交賬。

但是，兩者是何等不同！山上寶訓內藏喜樂。有光照明生命，使生命散發光芒。這篇偉大的講章一開始便宣告人有福，滿了神的恩惠。耶穌的福音以新國度的喜樂和光明，使生命和相信的艱難得到調和。對那些內心未曾敗壞、並不戀慕世界權力的人來說，有天國的應許、慈悲與和平等著他們。對那些竭力追求上主公平的人來說，有生命得到平反的應許等著他們。

耶穌在祂的福音之中正視在現世運行的不公勢力。祂可以好像傳道書的傳道者君王那樣悲歎，但祂並不認命，沒有消極地等待死亡。祂不僅僅提出敬虔的判辭，說最終神會彰顯祂的大能。這位基督在祂身處的世代中也釋放出新的能量。

祂享受也幫助其他人享受生命的基本需要。祂餵飽飢民和窮人。祂接過簡單的食糧，把魚和餅倍增，直至餵飽五千人。祂呼喚朋友與祂同行，分享祂的需要。祂也幫助朋友結交其他朋友。祂教導我們明白，沒有愛比為朋友捨命更為偉大。

祂宣告神的審判，向那些信靠財富、權力或者一己敬虔的人作出警告。祂的福音使人得著赦免和盼望，使人知道神的審判既不是遙不可及的現實，也不是把人壓碎的現實。在與尼哥德慕的談話中，耶穌講到神的恩賜。

約翰給光明的世界作見證

約翰福音用獨特的方式，帶給我們奇妙的聖誕信息。耶穌是基督、受膏者，是神所揀選，是我們的救贖和我們的喜樂。神完全充滿這人，以致我們看見祂便看見神的模樣。祂渴望成為我們的拯救者，也提供了道路，使我們可以認識生命和光。耶穌認識與朋友分享生命的喜樂，也渴望與我們建立友誼。祂為我們獻出自己，就如朋友，甘願親自承擔本應落在我們身上的審判。

祂告訴我們：神容讓祂為我們成為愛的祭牲。約翰福音三章：

> 因為神差他的兒子降世，不是要定世人的罪，乃是要叫世人因他得救……〔因為〕神愛世人，甚至將他的獨生子賜給他們，叫一切信他的，不至滅亡，反得永生……信祂的人，不被定罪；不信的人，罪已經定了，因為他不信神獨生子的名……凡作惡的便恨光，並不來就光，恐怕他的行為受責備。但行真理的必來就光，要顯明他所行的是靠神而行。（約三

17，16，18～21；編按：按作者之撮寫排序）

由傳道書到約翰福音，從屬地、厭倦世界的君王到屬靈、改變世界的君王，我們跨出了很大的一步。我們從黑暗無光進到新世界。這個新世界仍然充滿黑暗，卻有一道光芒劃破長空，使人如今可以找到救贖和喜樂。我們細聽老哲王的傾訴，知道生命充滿黑暗的奧祕和痛苦。

我們接收福音的新語言。「〔神的〕道成了肉身，住在我們中間，充充滿滿地有恩典有真理。」（約一14）對我們這些相信和接受這道、這光、這愛的祭——基督耶穌——的人來說，我們是神所救贖的兒女。你可以高唱「普世歡騰，救主降臨；全地接祂為王」這首聖誕的詩歌，是嗎？

禱告

主，我們的世界充滿失望的弟兄姊妹：
他們看見不公的規矩，期待的改變遲遲未到；
他們看見我們竭力追求樂趣，卻覺得生命沉悶；
他們看見年事漸長只有痛楚和死亡。

光明的主，願祢的光穿透黑暗，帶來新的看見！
我們便與祢一同追求公正和人類互愛的喜樂。
我們接受我們的拯救者、我們的主的邀請：
「我來了，是要叫人得生命，並且得的更豐盛。」

阿們。

思考問題

❶ 傳道書的世界有多黑暗？

❷ 其中提到哪些給人盼望或安慰的光明島？

❸ 與傳道書相比，約翰福音怎樣講說世界裏頭的光？

❹ 傳道書和現今世界那些失望或尋求的人可有共通之處？

❺ 我們可以怎樣運用傳道書於傳講福音一事上作準備？

9

以賽亞

期待和平的國度

經文：以賽亞書二章 1 至 5 節，六十五章 17 至 25 節

期望世界更美好

聖誕帶來興奮和喜樂。許多與基督教會並無特別連繫的人或者教外人，也感受到聖誕的熱情，樂意舉行特別慶祝。在商業世界裏頭，有工作間派對，讓人狂飲和縱情於下流笑談或者行徑。

在西方社會中，人們期待收到禮物和花紅；若是沒有，便會感到不是味兒。即使在基督徒只屬少數的社會中，街上也會有聖誕樹和聖誕裝飾。從不走進教堂的人到了寬敞的商場，也會聽聞聖誕歌聲，唱頌基督聖嬰的降生。

基督徒經常埋怨，說聖誕的真正意義失落在世俗社會之中。我們可以埋怨物質主義主導市場，使聖誕變成瘋狂購物節，助長了不講心的商業機構。當然，聖誕可以被人

利用，任何節日也可以被人利用。但是，透過不停播放的聖誕歌曲和聖景擺設，成千上萬的人都可以在許多公眾地方看見和聽聞基督徒的見證。

一個基督徒的節日何以能夠如此深入人心呢？何以與教會沒有多少連繫的人，甚至不大喜歡教會的人仍希望有個特別的聖誕呢？人們不單是因為受到物質主義的吸引。我希望帶出一個主題：人們渴望有一個更美的世界，而聖誕正好圓了人們盼望世界更美好的夢。聖誕慶祝的，是和平之君的出生，世界也繼續渴望和平時代的來臨。

在以賽亞書中，我們找到一個新世界秩序的宏偉視像。對先知來說，這不是一個空洞無憑的幻想。神正在推動世界，也有能力改變世界，且不惜為此而付出巨大的代價。

以賽亞書二章——締造和平的中心

以賽亞書二章的開頭是一個視像，是末日的情景，或者說，是以賽亞時代以後的情況。他預見：有一天，所有國家都會承認大家必須學習和平之道。大家把刀打成犁頭，把槍打成鐮刀。大家把戰爭技術改作促進土地生產、餵飽萬民的有用技術。大家最終從無盡的戰爭中學到功課，不再將戰爭技術升級，不再製造無數的受害者。大家需要一個學習中心和一個智慧核心。

在這個理想的教學中心裏頭，有妥拉、神的律法。

「妥拉」一詞可以譯成律法、教訓和啟示。這是神的智慧，讓人學習和追隨。在以賽亞書一章，我們得知妥拉的內容。請聽以賽亞書一章 10 節及其後怎麼說：

> 你們這所多瑪〔腐敗的地方〕的官長啊，要聽耶和華的話：我不喜悅毫無意義的祭禮；我憎惡空洞、沒有道德的宗教。你們要自潔！尋求公正！解救受欺壓的！給孤兒伸冤！為寡婦辨屈！〔編按：按作者之撮寫及譯文翻譯〕

神的道是憐憫和公正的道。對神的敬拜，因這種熱誠生活得著印證。大地是否安好，端視我們是否認識並落實這個視像。

老實說，這個視像很美，卻教人難以置信。世上總有挑起戰爭的人，總有聰明但貪婪的企業家，總有驕傲的獨裁者。我們自己雖不是窮凶極惡，畢竟也是罪人。先知們果真相信他們眼中的美麗視像嗎？神怎能達成這個目標呢？

神是歷史的主

以賽亞目擊北國倒下，永不翻身。他看見巴比倫人的興起，並讓希西家王知道，他的國（即南國）最終也要倒下，雖不是在他有生之年。政治和宗教力量所造成不可改易的結果需要時間實現。先知有的不是一個天真的信念。他有廣闊的視野。

以賽亞書有許多經文談到神在列國間工作，不只是在猶大之中。雅威不只是一族之神或者一國之神。獨一的神雅威，創造了世界，與所有人類家族相連。神愛祂所造的世界，絕不會放手不理。透過審判和重新施恩等行動，祂一直堅持與人類家族、所有國家保持連繫。

以賽亞看見，在神的眷佑中，神藉審判進行潔淨，推倒獨裁國家，抬舉卑微百姓。亞述和巴比倫都要認識神偉大的審判，然後謙卑下來。先知為世界大事提供神學解釋之際，我們看見道德審判與帝國主義不受約束的政策彼此相連。驕傲自大和渴求權力，使政府推行其資源無法支持的政策和計劃。

殘暴的侵略會在受踐踏的百姓中孕育出叛逆精神，他們一看見侵略者開始衰弱便會起來反抗。終有一天，大家都會從長期失敗的歷史中汲取教訓。因此，必須有一個教導中心和有經驗又認識恩惠、智慧之道的人在場指導方可。

締造和平需有共通點

讓我們為締造和平的基督徒禱告！他們不斷創造環境，使人學會互相尊重、互相教導、互相砥礪。探討如何落實以賽亞的視像，作締造和平的基督徒，實有意思。三大世界宗教都相信一位獨一的主，一位既公平又有憐憫的神。錫安山，即猶太人、基督徒和穆斯林的聖山，極具象徵意義。我們縱有無法抹去的分別，但也有共通點，使我們可以彼此尊重，一同走向光明。

我相信，我們應該向每個人作出強而有力的基督徒見證，也當細聽其他人所作的見證。我們若不認識其他傳統的人，單聽我們一方的人所提供的資料，我們便缺乏親身認識。這樣肯定會使神學受到扭曲。

我有幸在美國一間黑人循道會大學教過書。我的穆斯林朋友深深喜愛和感受到神的神聖之奇妙。我認識的猶太拉比所屬的會堂樂意為非猶太朋友舉行特備的逾越節聚會。我們都很清楚，我們都認識神、愛神和願意服事神。我們進到神面前的方法各自不同。猶太人信靠妥拉，歷世歷代拉比對神聖啟示的解釋。穆斯林信靠可蘭經，他們的偉大先知留下的作品。基督徒信靠聖經，以耶穌基督為至高和圓滿的神道。

我相信，最合宜的做法是為神作見證，說明神對我們來說是何等真實，同時細聽其他人對真理的說法，暫且不要對神將怎樣或者應當怎樣成全祂的工作作出判斷。有些地方是我們可以合作的，是我們可以豐富彼此的思想和行動的，是我們可以求同存異的。戰爭、暴力、壓迫、傲慢的論斷，不可能是一位愛所有兒女的神所選取的道路。

因此，我現在便為神對我來說是何等真實作見證。我堅信，我的基督徒視像可以使我們成為締造和平的人，也印證聖誕的永恆盼望，盼望有一個更美的世界。耶穌基督是我的中心。祂完全由神充滿，以致對我來說，祂就是神。祂的到來開始為世界帶來改變。祂使失明人看見，失聰人聽聞，飢餓的人得飽足，被蔑視的人得接納，無知的人得明白。祂把人心和社會結構的敗壞揭露出來。

祂沒有避免與敵人對質。祂以罪犯之身被人殺害，卻一生正直。接受其他信仰傳統的人，或許不會承認基督的神性；但我相信，他們大都接受祂活現了締造和平的真義。

以賽亞書六十五章——新世界的秩序

現在請聽以賽亞書六十五章怎樣形容新世界的秩序！那是一個和平並繁盛的世代。聖經告訴我們說，舊事都已不再被記念和追想。即是說，我們不再被怨恨的歷史、過往的偏見和政策所困住。基調是喜樂，因為一切都重新開始。

人間的秩序和動物界的秩序都改換一新。聖經告訴我們說，嬰孩不會夭折，許多人都會長命百歲，更甚至超過百歲。因為現代科學的發展，嬰孩夭折率已經大大降低，許多人的壽數也在加增。但是，值得留意的是，這只是世上富裕國家才能享有的福氣！

疾病和貧窮等問題仍然困擾上主家庭的許多成員。科學不能完全解決我們的問題。要人人得享健康圓滿的生命，人心必須改變方可。活現聖經視像的人要成為先鋒，帶頭化解問題，即是受傷世界和患病百姓的各種問題。

當然，共享資源，幫助所有人類家庭享有美好生活，對大家都有好處。我們彼此相連。在世界個別地區發生的事最終都會對所有人造成影響。貧困國家的健康國民若是安好，所生產的商品和所提供的服務必定更多更好。有病和受苦的百姓會使健康的人生病，也會製造社會不安，最終使列國無法安寧。

我們怎樣推動人們努力建立一個更美的世界，好使大家共享資源，人人得到尊重？這是一個極度屬靈的問題。那些正當地敬畏上主的人、那些相信道德律正在運行的人、那些為公正而熱心與神同工藉以帶來更大穩定的人，他們是領頭的人，是建立更美世界的先行者。

先知甚至看見動物世界的改變。豺狼與綿羊共處，虎豹與山羊共臥。小牛與幼獅一同得食，又有小孩子照顧牠們。牛與熊一同進食，牠們的幼兒共享太平。獅子吃草如牛。即使嬰孩，在毒蛇身邊玩耍，也不會遭害。在錫安，神的聖山，沒有傷害或者邪惡之物。大地滿了對神的認識，就如海滿了水一樣。

這幅圖畫看似不真不實。吃肉獸最終會不吃肉嗎？儘管這幅圖畫看似不大可能，內中卻蘊含真理。從記錄片中，我見過泰國的僧侶與老虎結伴。儘管老虎仍然吃肉，但在敬重眾生的僧侶中間，牠們並不兇殘。

許多現代西方人都認為，自然界和動物世界的存在完全是為了滿足他們的需要。他們並不尊重神所創造的生命。但是，在某些地方，仍然有人極其愛護為他們工作、養活他們的牲畜。在從前的世代，許多人的生活都與大地和動物世界緊密相連。人們不會濫殺生物。在一個更美的世代，我們都會珍重整個神的創造。

與神同工的邀請——締造和平

讓我們與神合作，建造和平國度。一位配受敬拜的君王已經來到。耶穌得到聖靈充滿，耶穌奉召帶來公正和憐憫；耶穌，我們屬地的弟兄和屬天的救主；耶穌，那位負傷的治療者；耶穌，自然界和歷史的再造者；耶穌，我們聖誕的盼望。阿們。

禱告

主，感謝祢賜下這個更美世界的視像！
感謝祢呼召我們參與實現這個世界！
求祢救我們脫離不信可以改變的認命態度！
求祢救我們脫離感覺無力抗衡生命環境的灰心失望！
求祢救我們脫離因為貪婪、
力圖創造私人帝國之人的操控！

神啊，我們信有和平的國度，
因為我們信主耶穌基督，
祂釋放了我們脫離各種樣卑賤的束縛。
我們與我們的主一同祈求：
「願祢的國降臨！
願祢的旨意行在地上，如同行在天上。」

阿們。

思考問題

❶ 以賽亞書二章所展示的視像，談到把刀打成犁頭。許多政府甘心花費大量金錢製造武器，卻不肯撥款發展餵飽人或者醫好人的技術。面對這種情況，我們可以怎樣回應？

❷ 許多基督徒都害怕與非基督徒組織結連，因為害怕結連必須作出妥協。究竟基督徒能否與人道救援組織和來自其他宗教的有心人合力締造和平呢？

❸ 我們都需要看見成功締造和平的例子。請列舉一些事件，說明你的家人或者公司同事怎樣克服困難從而締造和平。其中採用了甚麼方法呢？

HIEREMIAS

10

耶利米

期待約的更新

經文：耶利米書三十一章 20 至 34 節；
約翰一書四章 7 至 12 節

渴望和期待更美世界的出現

我們正在探討許多人在聖誕佳節中的期望。對我們這些活躍在基督耶穌和教會裏的人來說，我們在聖誕的熱鬧氣氛中找到新的活力。我們感到需要舉行慶祝。我們有特備音樂、戲劇和交誼的時間。我喜歡給朋友寫聖誕咭，鞏固既有的關係。華人基督徒覺得聖誕是為新信徒施浸的好日子。有甚麼慶祝基督降生的方式比引領更多門徒進入神家更好？

但是，即使教外人也會感受到令人興奮的聖誕氣氛。他們同樣也有期望，只是焦點不夠清楚罷了。人們一般期望生活過得更快樂，生活過得更美好。溫柔的聖母和基督聖嬰的畫像，宣告新的喜樂已經臨到的聖誕歌，商場裏頭的聖誕樹——這些信號催促世人追求活得快樂！

聖誕是基督徒分享信仰的好時機。我們可以著眼於期待世界更加美好。我們可以談談我們如何在悲劇中享有喜樂，在看來無望中看見希望。

將臨期是期待的時節。在聖誕之前，我們用四個禮拜的時間來提醒自己：舊約的以色列老早在期待一位彌賽亞，一位得神充滿、為神使用、進到世界和觸摸世界、配受敬重的領袖。我們記得，我們多次期待新的一天，期望神帶來更好的生命。因為聖誕，基督徒宣稱，神已經充充滿滿的來到，以致我們可以觸摸祂，祂也可以觸摸我們。

但是，如今我們又再期待。我們天天服事神和有需要的人類家庭，也期待基督回來，結束歷史。我們一直是一班活在期待之中卻又已經得著的人，一個在當下經歷神同時又期待再次在更新的層次中經歷神的百姓。

藉著記念舊約的先知朋友們，我們對聖誕的意義有更深的體會。他們有一段與神交往的深遠歷史。神一直有進入人類經驗，尤其藉特選的解說者彰顯祂自己。其中一位特選的宣講先知就是耶利米。耶利米活在基督降生前六百多年。

耶利米的警告和期待

像所有先知一樣，耶利米看見神在歷史中的活動。當他們的國家經歷政治危機，先知們看見神的手在工作。歷史最終來說，是神學性的理解。我們都活在道德律之下，要為生活是否公正和仁愛而交賬。爾虞我詐，盡情驕傲、貪婪、縱慾，便會敗亡。我們的家庭和社會便會瓦解。

聖經的智慧，包括舊約和新約，警告我們：穩定和福氣來自對神的敬畏和人類的彼此尊重。聖經的說法是「敬畏神」；這是一個意義正面的用語。我們生活謹慎，敬神愛人。我們都知道，對的選擇與錯的選擇都會造成影響重大、深遠的後果。

聖經的智慧相信世上有道德律，不是一種抽象定理。我們可以向康德（Immanuel Kant）和其他道德倫理思想家學習，好理解道德和倫理的本質。但是，在聖經裏頭，我們發現，神的律法植根於祂的本性，即是愛。這愛一點不抽象，因為我們看見神有情。祂愛到一個地步，對我們有很高的期望。我們拒絕祂和祂的道路，祂便認識痛苦。這種痛苦的反彈就是可怕的震怒或者審判。但是，這是一種受控制的震怒。即使震怒，也是因為愛的緣故。先知們看見審判是煉淨的時間，使百姓頭腦清醒，知道甚麼是基本的，甚麼是永存的。神一次、兩次、三次重新建造。祂一次、兩次、三次重新進入我們的世界。

我們成為天國的一部分，坐落在現今的世界中。我們開始實現耶利米所見的視像。耶利米書的大部分內容都是審判講論。先知警告他的百姓，說他們將要被巴比倫人征服。殿要被毀；王和全地的領袖要被擄走。

有時，我們稱耶利米為「流淚的先知」。他的工作充滿難處；這是肯定的。他勸他的百姓向巴比倫人投降。他相信，受巴比倫人統治是神的審判。按人間標準，這是賣國。正當敵人準備發動攻擊之際，任何國家的政府都會鼓動百姓起來保衛國家。耶利米面對許多值得流淚的事。他預見國家淪亡。他感受到同胞的憤怒、不切實際的愛國立場和錯置的信心。許多人相信，神永不會容讓聖城耶路撒冷淪為異教權勢的囊中物。

耶利米把民族的自豪感放在次要位置，好追求更高的目標。他宣告，掌權的是一位國際化的神，祂在世界歷史中作工，達成祂的目標。當有人提出指控，說他背叛了大衛王朝時，他回答說，他效忠的是天上的王。實質上，那些決意抗拒神的審判、不接受猶大落入巴比倫人手中的人，才是賣國的人。他們背叛了天上的王。祂所享有的權利比地上任何君王都大。

但是，耶利米書的講論，流淚先知的講論，不全是審判的講論。內中也對將來抱有盼望。神將要更新與亞伯拉罕的後裔所立的約。

光明和盼望的島嶼

在這部滿佈可怕審判的書中，有光明島。耶利米書三十一章有熱情地傾流盼望的經文。我們聽見神的憐愛，神渴想走迷了路的百姓，儘管他們出賣了祂的愛。請聽三十一章20節以後令人感傷的呼喊：

以法蓮是我的愛子嗎？
　是可喜悅的孩子嗎？
我每逢責備他，
　仍深顧念他；
所以我的心腸戀慕他；
　我必要憐憫他。
以色列民哪，
　你當為自己設立指路碑，
　豎起引路柱，
你要留心向大路，
　就是你所去的原路；
你當回轉，回轉到你這些城邑。
背道的民哪，
　你反來覆去要到幾時呢？
耶和華在地上造了一件新事，
　就是女子護衛男子。

經文進一步說明要定立新的約。在31節之後：

耶和華說：
　「日子將到，

我要與以色列家
　和猶大家另立新約，
不像我拉著他們祖宗的手，
領他們出埃及地的時候，
與他們所立的約。
我雖作他們的丈夫，
　他們卻背了我的約。
這是耶和華說的。」

耶利米一生都在警告他的百姓，請他們回轉，忠於與神的關係。他的百姓不聽他的信息，國家亦倒下。攝政王被剜了眼睛，然後擄到巴比倫。新的代理者誓言效忠巴比倫，隨即上位。耶利米在非自願的情況下被挾持到埃及。挾持他的人因為殺了效忠巴比倫的代理者，害怕遭到報復，便逃亡到埃及。耶利米從未看見新秩序、新約的夢想成為事實。他無緣成為新社會的成員，這些人要記念起初對神的愛和單要遵行神約律法的渴望。

歷史證明耶利米有理——審判以外的盼望

但是，時間證明耶利米所言非虛。他的書已經收錄在正典之中，大家相信正典中的經書是權威的啟示。新約教會繼續發展先知的信息。耶利米的話縈繞在我們耳中。神要拆毀，也要建立。神說過：

我的心腸戀慕你，
　我必要憐憫你。
……我要
　……另立新約。
……
我要將我的律法放在他們裏面，
　寫在他們心上……
他們各人不再教導自己的鄰舍和自己的弟兄……
　因為他們從最小的到至大的
　都必認識我。〔編按：按作者撮寫及譯文翻譯〕

許多新約經文都談到，神藉耶穌基督與我們建立了密切的關係。在約翰一書，我們找到福音的簡要和基本說明。它以愛將道德律及其基礎連在一起。它談到一個新的約，神與祂的百姓的密切關係。它宣告，愛神的人，經由接受祂的啟示和聽從祂的聲音來證明。在這個新約的生命中，我們成了一個新的社羣，一個彼此關愛的社羣。在這個世界裏頭，先知先前的夢想得到實現。透過基督，我們直接認識神。我們經驗神溫柔的憐憫。我們有一個新的靈，可以與神同工，拆毀舊的制度，換上新的世界秩序，有公正和憐憫的秩序。請聽約翰一書三章16節及其後怎樣說：

主為我們捨命，我們從此就知道何為愛；我們也當

> 為弟兄捨命。凡有世上財物的，看見弟兄窮乏，卻塞住憐恤的心，愛神的心怎能存在他裏面呢？小子們哪，我們相愛，不要只在言語和舌頭上，總要在行為和誠實上。

約翰一書五章 1 至 3 節又說：

> 凡信耶穌是基督的，都是從神而生，凡愛生他之神的，也必愛從神生的。我們若愛神，又遵守他的誡命，從此就知道我們愛神的兒女。我們遵守神的誡命，這就是愛他了……

我們現在發出福音的邀請，落實聖誕的神蹟。你可以接受神在基督裏為你成就的事，讓祂作你的救主和主。我們必須看見我們需要一個煥然一新的心思和意念。我們必須遠離令人死的激情，放下自私驕傲、不受約束的貪婪和情慾。有愧的心呼求憐憫，要得神潔淨的恩典，便能認識那與神親密的關係和與神立約的生命。聽聽約翰一書四章 7 節及其後怎樣形容這種奇妙的新生命：

> 親愛的弟兄啊，我們應當彼此相愛，因為愛是從神來的……神差他獨生子到世間來，使我們藉著他得生，神愛我們的心在此就顯明了。不是我們愛神，

> 乃是神先愛我們，差他的兒子為我們的罪作了挽回祭，這就是愛了。親愛的弟兄啊，神既是這樣愛我們，我們也當彼此相愛。

要建立更美的世界，除了以上焦點，你想，還有更好的焦點嗎？這個好消息應能滿足人心最深處的期望，是嗎？

禱告

歷史的主，我們大膽相信，我們要在道德上交賬。
求祢赦免我們，
因為我們的狹窄民族主義
使祢的愛無法達到祢的所有兒女！
求祢赦免我們，
因為我們的權宜政策表明
我們相信有些人可以犧牲！
求祢赦免我們，
因為我們褻瀆，我們以為我們所作的決定
是最好的和最後的！

求祢賜我們勇氣，做我們國家的好公民！
求祢幫助我們為公正和美善的事發聲！
求祢賜我們忠貞，做屬天國度的好公民！
求祢幫助我們分辨甚麼屬於該撒和甚麼屬於神！

阿們。

思考問題

❶ 耶利米對他的百姓作出嚴正批評。你可曾要向你所屬的社羣或者親愛的人傳達嚴正的真理？你怎樣面對不受人歡迎的情況？

❷ 耶利米對將來抱有盼望。你信神最終會帶來更美的日子嗎？你願意耐心等候更美的日子來到嗎？

❸ 耶利米被指不愛國和不愛宗教。你有試過遭人誤解，說你既不愛國，也不愛教會嗎？

❹ 你情願教會和國家的領袖放膽講嚴厲的話、拒絕給人虛假的安慰嗎？

與基督徒的良知扭鬥：
大齋期的信息

11

出賣

約瑟和滿心嫉妒的哥哥們

經文：創世記三十七章 2 至 36 節，五十章 15 至 20 節

需要檢視心靈

大齋期是聖節，是自省和深切更新心志的時間。如耶穌為履行一生使命，在曠野渡過四十日，我們在這節期也踏上四十日內心旅程：我們回想先前向神作出的承諾；我們細看自己有沒有分心、妥協和自欺。

我們往往有偉大的夢想，卻無法落實我們看見的視像。這是人的困境。我們出賣了我們的視像；我們出賣了自己。假如我們只能倚靠自己的力量，我們將是極其可憐！幸好，我們是信神的人。祂仍可信，縱然我們失信。在我們不能愛或者不願愛的時候，神仍然愛。透過祂的靈，神使我們為罪難過，重塑我們，牽引我們的心靈成長，以致我們學習在愛中渡日、在愛中受苦、在愛中心存

盼望。

為免這話聽來太過抽象和浮誇，讓我們想想那些不大完全的聖人和得勝考驗的救主耶穌。聖經裏頭有許多故事，講到努力追求裏外一致、忠於原則和自己所見的視像的眾多男男女女。許多人渴望看見神的笑臉。可是，生命滿佈陷阱。我們常常被我們倚恃的人出賣。我們也常常出賣自己或者其他人。

在這個關於大齋期信息的部分，我們會研究各種不同的出賣形式。根據經驗，我們可以肯定兩大真理：人類善於出賣，把事情弄糟；神卻極有創意，能從混亂和一團糟中引出生命。説過這些，我現在要介紹約瑟的故事，一個充滿人的嫉妒和詭計的故事，也是一個滿有神的恩典和眷佑的故事。

約瑟故事的情節

約瑟，大家都記得，是家中寵兒。這個家有十二個兒子：約瑟排行第十一。惟獨他和最小的弟弟便雅憫是雅各所愛的妻拉結的親生子。這樣的家庭必有問題。雅各要與兩位滿心嫉妒的妻子和兩個滿心嫉妒的妾侍不斷搏鬥，難免會害怕有妻子或者孩子遭到忽視，感到被欺騙。不難想像當中必會出現討價還價和互相怨恨的情況。

可幸的是，我們有不少有關約瑟的材料。創世記十七至五十章所講的，基本上，都是約瑟的故事。這是一個短篇小說。亞伯拉罕、以撒和雅各雖然被稱為以色列的祖先，但有關他們的資料還不及約瑟的多。約瑟是一個過渡人物：上承住在迦南的三位老祖宗或者族長，下開在埃及為奴四百年的希伯來人。他有分幫助他的百姓離開應許之地，下到埃及。當日，迦南遇上飢荒，在埃及找到食物，本是祝福。但是，最終，他的百姓卻成了法老的奴隸。

約瑟的故事由約瑟十七歲說起。他領受了兩個視像，他的兄弟因而對他極其不滿。他看見兄弟們在田間收集的禾捆向他的禾捆下拜。他又看見十一顆星連同日月向他下拜。其中意思頗為明顯：他要做一家之主，管治他的兄弟。除了這個令人討厭的浮誇宣告外，他們的父親又把一件長袖外衣加在約瑟身上，那是貴族愛作的打扮。一班兄弟自然會惱怒他。在族長社會，人們都敬重年長的祖父、父親和長兄。約瑟早已是家中寵兒。他有必要講說這些掌權的夢境，炫耀他的獨特地位嗎？

經文有以下一句具預示性的話：「他哥哥們都嫉妒他，他父親卻把這話存在心裏。」（創三十七 11）嫉妒、尊嚴受損和仇恨的種籽已經種下。一有機會，哥哥們的態度便會開花結果。時機終於來到，因為雅各差派約瑟到多坍，好把物資帶給他的哥哥們。

當哥哥們離遠看見約瑟，便設計，好除掉他。經文似乎將兩個不同版本的故事連在一起。一個版本有流便求情，不讓哥哥們殺害約瑟。他們原定計劃殺掉約瑟，然後說他被野獸吃掉。終於，他們決定把他身上那件令人討厭的特製外衣脫去，然後把他扔進一個枯乾的坑或者井。

從另一角度看來，這個故事頗為複雜。猶大建議把約瑟從坑中拉上來，再把他賣給路過那裏從事買賣奴隸的商人。有經文說，這些商人是米甸人；又另有經文說，是以實瑪利人。哥哥們拿約瑟的外衣沾上羊血。然後告訴老父，說約瑟被野獸吃了，令雅各大大憂傷。雅各不肯接受安慰。哥哥們的怨恨是何等的深，情願背負除掉弟弟、傷透父心的罪名，也在所不惜！

約瑟安渡各種問題和試煉

你還記得：無論外在環境如何困難，約瑟都得享平安。他蒙神賜他特別智慧。他能解夢。他善管理或者行政。他外貌英俊，為人可靠。神把恩典傾倒在他身上，使他凡事順利。

約瑟被賣了給法老的內臣波提乏。人很快便看出，約瑟很有才華，能好好管理主人的家。約瑟還引起波提乏妻子的注意，她決意引誘這位英俊的年青人。在遭到拒絕之後，她便誣告約瑟，約瑟也因而被關進監牢。

約瑟在獄中兩年，大有理由問神因何不為他伸冤。他不可能知道，他只需多等一會，便會榮升為埃及宰相，地上最強國家的強人。在獄中，他遇上法老的兩位大臣，一是膳長，一是酒政。兩人都有夢的困擾，他們相信夢境多少提示將來情況。約瑟便為他們解夢：膳長要死，酒政則會復職。約瑟請酒政在獲釋以後要記得他，但往後兩年酒政都沒有記起。

你記得，法老也有夢的困擾，正尋求解夢的人。酒政這時終於記起約瑟，並領他面見法老。約瑟便為法老解夢。法老必須為七個豐年以後的七個荒年作好準備。法老驚訝這個年青人的智慧，便立他為宰相。

請聽創世記四十一章46節怎麼說：「約瑟見埃及王法老的時候年三十歲。」十三年前，約瑟還是家中小兒，與父親一起牧養羊羣；十三年前，約瑟被扔進一個只能倚靠自己的世界。如今，他成了地上最有權勢的人。他有能力拯救他的家人，脫離飢餓和死亡。他很快便把父親和家人接到埃及，讓他們在肥美的歌珊地定居。

我們仍然記得，約瑟試驗哥哥們動人的一幕。他們奉父親雅各之命，帶了錢來買糧。約瑟假裝不信任他們，指稱他們是探子。他設計誣陷他們，派人偷偷把他們的錢放回他們的糧袋之中。他命人拘捕他們，然後要求他們把仍在家中最小的兒子便雅憫帶來，以證明他們說的都是真話。他再設計誣陷他們，又再拘捕他們。正當約瑟靜聽又愁又怕的哥哥們細說老父不能再失去第二個拉結的兒子時，約瑟終於失控。哥哥們竟有懊悔的表現，甚至甘願犧牲自己。猶大請求約瑟讓他做他的奴隸，好使便雅憫可以回到老父身邊。

約瑟的完美形像需要修正

約瑟不單有智慧，且有量度。他不單救了他的百姓，還救了埃及，使埃及成為近東的糧倉。聖經繪畫了一幅青年人才華橫溢的理想畫像。最近，聽了一篇聚焦於約瑟一個弱點的講道。你還記得約瑟給埃及飢民分發食糧的計劃嗎？首先，各人要用盡自己的錢。然後，各人要賣掉所有牲口。最後，各人要賣掉所有土地，使他們變成法老的奴隸。約瑟讓百姓享用五分之四的出產，但所有的地如今都落入法老的手中。

我肯定，聖經的敍述無意詆毀約瑟，也不是縱容任何形式的獨裁，把血肉之軀奉若神明。但是，約瑟確實進一步使人變成法老的奴隸，使本已擁有強大力量的法老更加強大。聖經裏頭所有聖人的理想形像都要進行適當修正。儘管約瑟是神所使用的人，但他也種下問題，使後來的法老擁有無上力量，可以隨意管治他的百姓。

每代人讀聖經，都會找到新的思考問題。每代人都會看見不同的道德困境。有些人尤其關注目光短淺的有權勢人士，擔心他們的解決之道未能針對真正問題。我們需要眼光遠大的領袖，不要種下惡果，成為後來世代的負擔。我們可以從不同角度來評價約瑟解決問題的方式及其政治後果，但我們千萬不要輕忽這個故事表面的神學意義。

故事的神學意義

故事的結束給我們留下了神學功課，讓我們理解約瑟故事的意思：

> 約瑟對他們說：「不要害怕，我豈能代替神呢？從前你們的意思是要害我，但神的意思原是好的，要保全許多人的性命，成就今日的光景。」（創五十19～20）

聖經的敍事者為神的信實、神的眷佑、神具創意的管治作見證。神可以將可怕的環境化作美好的機遇。神不會被我們的失敗打垮。神要賜福祂的創造，一次又一次的醫治和拯救我們。

我想提出這個故事與大齋期的關係。我們要深入探究內心深處，看看七種致命的罪有否生根、有否結出有毒的果子。嫉妒很容易生根。在所有人的心中，不論聖人抑或罪人，都有嫉妒的蹤影。我們可以用不同方式說明這個事實。

嫉忌和悔改的現代案例

在思想這篇文章時，我想起許多年前一套電影的對白。一位年紀老邁的修女禱告說：「神阿，我犯了罪，對不起祢。我的心滿了嫉妒和仇恨。憑我的禱告和一生追求成聖的努力，我強行衝進天堂。我想有特權，看見特別的視像。我不明白祢因何揀選祢特別的僕人，又賜他們恩典。我不能預見未來，好像祢那樣，也不能有智慧地作出選擇，好像祢那樣。請祢赦免我！」這時，我留意到這套電影名叫《伯爾納德之歌》（*Song of Bernadette*）。我看過這套電影好幾次。片中傳遞一種煽情的、甜絲絲的羅馬天主教觀點。我身為老師的批判本能知道，這是一套乏味的電影，但我看的時候總會流淚。

伯爾納德是個單純的村姑，生在十九世紀的法國。她所屬的村莊住了兩派人：一邊是懷疑論者，他們瞧不起信仰基督的天真村民；另一邊是虔誠的羅馬天主教徒，他們常作準備期待天降神蹟。伯爾納德在視像中看見童貞女馬利亞：這位美麗的女士對伯爾納德說，她今生雖苦，來生卻會快樂。許多人質疑伯爾納德的誠信。她受到這些人盤問和折磨，最後因病在痛苦中去世，卻準備好進入天堂。

對我來說，全片最精彩的地方是單純的伯爾納德和一位年紀老邁、生活嚴謹的修女之間的角力。老修女蔑視伯爾納德，因為她是眾人注視的目標。多年以來，修女都謹守宗教紀律，服事上主，忍受苦難和期待視像。她內心燃起了嫉妒的火。神因何揀選這樣年青、這樣單純的一個人？到最後，她知道伯爾納德在暗地裏受著痛苦，她的身體扭曲，並且即將死亡，她感到非常震驚。嫉妒和驕傲被粉碎了。內心留有空間給慈愛的基督，讓基督裝備修女去愛和服事，既服事伯爾納德，也服事她的主。

在約瑟的故事中，我們為十一位哥哥感到難過。因何家中寵兒竟可誇耀他的超然地位？他早已有一件與別不同、只有富人才有的外衣。他自恃有來自天上的偉大視像，將要成為眾人的主。哥哥們的罪，不在於生氣，也不在於感到不妥當。他們的罪在於容許嫉妒和怒氣繼續膨脹，最後生出殺人的動機。他們出賣了他們的弟弟，剝奪了他的將來，破碎了老父的心，傷害了神所揀選的人。

顛覆嫉妒的力量

我們可以將嫉妒化為積極的心理動力嗎？我認為可以。在我當了五年宣教士之後，有一位新同事加入行列。他也是在我母校受訓，獲得相同學位。他進取，做事爽快。在很短時間之內，他的文章已被刊於學術期刊內。我容讓自己順應其他壓力的引導，沒有催迫自己出版文章，沒有爭取在學術界揚名。過了一段時間，我的文章也在學術期刊內刊出。不久，我做了其他一些事，使自己也有人認識。

這位朋友引發了我的某些動物本能。假如我不滿這位同事做事爽快，才華橫溢，我們都會變成輸家。但結果是，我得到我朋友的幫助。我們每個人裏頭都有渴求權力、名聲和榮譽的衝動。我們這些服事神的人可以隱藏或者掩飾嫉妒和驕傲等激情。但是，我們必須自己謹守，免被七種致死的罪、七隻吃人的猛獸所吞噬。

在大齋期中，讓我們確立兩大真理：我們需要細看我們內心的廢墟，讓神的光揭示我們的軟弱。我們可以信靠作主的神，因為神可以利用我們的動物本能，使所有的環境化出美好的生命。

禱告

主啊，祢把我們放在家庭之中。
我們感受到家人關係的支持，也明白其中的重擔。
求祢引導我尊重父母，看出他們的美善智慧！
求祢裝備我們支援兄弟姊妹，化解怒氣和紛爭！

主啊，感謝祢，為了信仰的大家庭！
為了那些藉基督最深的愛與我們結連的人！
美善的父和慈愛順服的基督，
我們要在祢的家中活出一體。

阿們。

思考問題

❶ 你可以列舉一些令你嫉妒的人嗎？請解釋嫉妒的原因。

❷ 所有兄弟姊妹或多或少都會爭寵，你認同嗎？

❸ 你用甚麼辦法化解不受控制的嫉妒？

❹ 在婚姻關係中感到配偶有點嫉妒。這種感受可有任何價值？

❺ 聖經說，神是會嫉妒（《和合本》譯作「忌邪」或「發熱心」）的愛。這是甚麼意思？

12
出賣
摩西和怯懦的百姓
經文：民數記十四章 1 至 25 節

以色列膽怯令神震怒

在民數記十四章，我們看見一種出賣的形式。以色列在曠野中出賣她對雅威的忠誠。儘管神拯救了百姓，脫離法老的手，又以神奇的方式供應他們在曠野中的需用，以色列人的信心仍然不穩。烏合之眾缺少信的勇氣。他們情願返回埃及，再作奴隸。他們令神震怒。

以色列人極需要一位代求者，因為神的震怒是實在的，令人生畏。談到代禱的有力例子，我總會想起摩西。民數記十四章有摩西與神對話的精彩報導。摩西正視神的震怒。假如你相信神有個性，選擇愛祂的創造，便必須考慮到受傷的愛、失望的愛和憤恨的愛可能造成的結果。我視震怒為憤恨的愛。我理解恩典的另一面就是毀滅。

舊約給神作的見證有時顯得嚴厲，我們因此不會錯誤地以為神的愛是有情無理、任由放縱、並不認真。與神交往實在是生死攸關的事。怎樣看待愛，同樣是生死攸關的。

讓我們回想經文背後的故事。約書亞、迦勒和另外十個人奉命窺探迦南地的情況。他們回報說，迦南地物產豐富，但滿佈巨人。約書亞和迦勒是有信有勇的人。他們想進佔迦南。但是，其他十個探子滿心恐懼和怯懦。他們說服百姓，認定他們無法勝過當地的巨人。羣眾於是流淚、哀鳴。他們相信，幾經辛苦走過曠野是徒費氣力。他們決定推選首領，帶領他們返回埃及，再作奴隸。

摩西和亞倫俯伏在地，約書亞則努力改變百姓的意向。他這樣說：

> 但你們不可背叛耶和華，也不要怕那地的居民；因為他們是我們的食物，並且蔭庇他們的已經離開他們。有耶和華與我們同在，不要怕他們！(民十四 9)

羣眾大怒，準備用石頭打死約書亞。是時候，讓神進場，神也在榮耀中現身。

在 10 節，我們看見：

> ……耶和華的榮光在會幕中向以色列眾人顯現。耶和華對摩西說：「這百姓藐視我要到幾時呢？我在

> 他們中間行了這一切神蹟，他們還不信我要到幾時呢？我要用瘟疫擊殺他們，使他們不得承受那地，叫你的後裔成為大國，比他們強勝。」

人可以與神爭辯，可以改變神的心意，敢膽相信神會容讓人質疑祂的旨意嗎？摩西可以。摩西可以說些甚麼話來改變神的心意呢？

摩西求神不要毀滅祂的百姓。他提出兩個論據：第一，神的名譽會受損。假如神徹底消滅祂的百姓，埃及人聽見，便會告訴世界，說以色列的神無力帶領祂的百姓進入迦南。第二，神的本性會受損。神應該流露長久忍耐、信實可靠的愛。神的本性是不輕易發怒，充滿不變的愛。神也有力量一再赦免祂的百姓。

摩西這個既大膽又有智慧的代求奏效。神沒有即時發洩祂的怒氣。但是，怯懦和不肯信靠神的愛，仍是要承擔後果的。這不能為自己如何使用自由而負責的一代，將要死在曠野。他們的兒女代表新的一代和新的機遇。他們要越過約旦河，取下迦南。神沒有忘記兩位有信有勇的探子約書亞和迦勒。他們要帶領新的一代進入應許之地。

愛給人空間運用自由和經歷失敗

這個故事有何意義？我們不會說，軟弱、失控或者衝動是神的特質。但是，沒有深入理解的人可能會作出以上結論。我也不會說，神有絕對主權，使我無法質疑和掙扎，以致明白應當怎樣活出美好的生命。

舊約的見證講了一個非常大膽的故事，使神在一個層面看來，未能掌控一切或者不大完全，這與許多人的想法不同。我卻為有這個故事感恩。這個故事冒了一個恰當的險，凸顯了神的本性是愛。假如你切實去愛，你還可以堅持完全掌控一切嗎？

想想你所有愛的關係吧！你可以非常愛一個孩子，但也總有忍無可忍的時候，是嗎？你必須讓孩子與你分開，使他有空間犯錯、說不！與配偶和朋友的關係也相若。在關係緊張，甚至被出賣的時候，怎麼辦？愛人受傷必會生氣，是嗎？若忍氣吞聲，便會抑鬱。若爆發出來，又怕永遠分開，當然也有和好的可能。

假如神切實地去愛，祂亦會有樂與怒。讓我提出一種說法，以明白摩西代求的故事。神，出於愛，創造了一個可以與祂交往的世界。因為神希望我們愛祂，祂必須讓我們有自由作出選擇。既有自由，便有說不的可能，而我們在不同時間都曾經對神的愛說過不。在摩西未曾出現之前，神早已遇過頑梗、放任的人。對神來說，在摩西在生時感到憤怒一定不是新事物。神對人的本性並不陌生。

在民數記的故事中，神相信摩西足以代表祂最美好的一面。神渴望表明祂的愛受了傷，也信得過摩西有力處理這件事情。神有如良善的父母，絕不會毀滅祂的兒女。當然，摩西可以呼喚神回到長久忍耐的恩典。神讓摩西承當特別的職事，不單代表祂的百姓，也代表祂本身。

在大齋期裏，我們當怎樣落實這個故事呢？我們要坦誠檢視自己，讓自己的軟弱浮現。有哪些地方需要深切悔改和加強信心？有哪些方面與民數記十四章的百姓相似？百姓在曠野抱怨的罪是怯懦、無勇、拒絕選擇生命和愛，情願淪為奴隸。沒有盡心、盡性、盡意、盡力愛神，就是罪。罪就是不去愛，怯懦就是不相信愛是值得的。讓我們看看勇氣這回事。

我們怎可怪責人沒有勇氣？有人愈吵愈興奮，他們喜歡在公眾場合凸顯自己。有人，像我，比較內向，不習慣站在顯眼的位置。也許，我們不應將有勇氣等同動作誇張。如果你可以用比較誇張的方式來表達勇氣，好！如果你情願用相對低調的支援方式來表達勇氣，也不錯！

愛要勇氣——迫切問題

我問自己：有哪些問題需要拿出道德勇氣？我即時想到兩件不難在教會提出的事。為此，我感恩。這兩件事就是女性權利和學術自由。我必須為女性的權利發聲。我不相信，基督的靈會攔阻有才華、蒙神呼召的女士接受教會按立為牧師。我不相信，聖經的意思是要女性淪為二等人。

照樣，我必須為學術自由發聲。我不相信，宗教右派應該推動保守的基督教價值成為學校的標準。我不相信浸信會學校應該受基要派擺佈，各種觀點都當受到尊重。我應該可以按我的定義來說明我怎樣尊重聖經，而無須被迫使用「無誤」這個標籤。

還有一些問題我並未強調，但我相信它們也很重要。我必須為基督徒關顧垂死的愛滋病病人發聲。我不相信神只針對同性戀罪人，認為他們比異性戀罪人更差。對我來說，與性有關的罪，不論是異性戀抑或同性戀，都與不忠、剝削、踐踏和濫用身體、心靈有關。不是所有同性戀者都濫交；當中也有極能建立友誼和關心別人的人。

我害怕民族主義過度抬頭，怕美國的貪婪和驕傲被合理化，轉面不理世界其他地區的弟兄姊妹所受的傷害。孤立主義、不理會弟兄的呼喊、輕視第三世界都是罪。神愛祂造的所有人，要我們與所有人結成一家。假如我封殺某部分人類家庭成員，我便封殺神的某些部分，但祂愛所有祂造的人，並為他們捨命。

我談到四個需要拿出勇氣來討論的公眾問題。當我們手執權力，我們很容易有受威脅的感覺。因愛國之名，人們可以合理化可怕的貪婪或者麻木不仁。但是，神是列國的神，祂呼召我們走出盲目、優越的民族主義。因道德之名，人們可以忽視或者審判愛滋病人和垂死的同性戀者。但是，神愛祂所有的兒女，包括聖人和罪人。因效忠聖經之名，我們可以將基督徒的禱告或者觀點強加在所有學生之上，或者否定女性有神所賜的恩賜，足以承擔牧職。但是，聖經不是神。聖經的價值只在於指向永活的基督，祂在祂的靈中以我們所知更好的制度取代舊有的制度。

拿出勇氣面對私人問題

當然，我們的私人生活也有需要拿出勇氣的地方。我愈來愈覺得牧職人員需要接受輔導。我們常常奉命輔導別人。但是，每個我認識又敬重的牧職人員，都曾接受過輔導。要承認自己有限制，需要有勇氣。有些牧職人員害怕尋求輔導，怕人因此看不起他們。尋求輔導可能使人以為他們缺乏信心、不夠成熟和領導能力不足。我卻認為，事實剛剛相反；人有足夠勇氣尋求幫助才是力量的表現。

我又明白夫妻關係是何等錯綜複雜。我們都背負著許多袍袱和幻想進入婚姻。在蜜月期漸漸遠去以後，我們的枕邊人可能很快便教我們感到驚訝。我們走過不同人生階段，童年和過往的經歷會以各種不同的形式重現。我們可能會對自己說：「你就好像我的媽媽；你就好像我的爸爸；這就好像我年青的時候！」這些話並非必然代表好的意思。我們需要有勇氣來檢視我們生命中最為重要的關係。有些人不肯認真細察，僥倖過關，好像相安無事。有些人不能，也沒有安寧。

對我來說，這一章的信息並不易表達。我覺得我好像是對自己講一樣。我需要拿出勇氣，走進神要我們進入的美好將來。我多少認識古以色列在曠野中抱怨的罪。我，好像希伯來人那樣，一再嘗過神的恩典和眷佑。我，像他們那樣，可以被那些在神所要賜我的地上行走的巨人所嚇怕。那些希伯來人情願返回埃及當奴隸；我有時也想過接受二流生活，以避免一些痛苦的爭戰。但是，神命定以色列作個互相扶持的百姓，成為列國的祝福。神也命定我們每一個人得享自由，互相扶持，成為別人的祝福。

我希望教會和國家能夠尊重人有分別、個人自由，為顧及整個人類家庭作出犧牲。這是要爭取的目標。牧職人員很容易避免有爭議的課題、不受歡迎的課題、嚴正的道德議題。我們很容易引用聖經來合理化基本上不能容忍和缺乏愛心的事。我們很容易依靠陳腔濫調、誘人的活動、方便用家的講章，來建立成功的教會。讓我們期盼牧職人員和信徒不會出賣要我們進窄門的福音。

我們不斷踏上道德之旅

在一方面來說，我們好像神的百姓那樣，不斷在曠野中走動。我們還未真正在應許之地定居下來，因為我們還未得著所有弟兄姊妹。我們仍有可能抱怨，忘記神的大能作為，因為不想辛苦，情願接受為奴的二流生活。神賜我們勇氣！救我們脫離舊日怯懦和懶散的罪。要記得：神仍在塑造我們！我們的賞賜是應許之地、美好的社會和救恩。賞賜是愛受到尊崇，能夠忠於至高的視像！

禱告

主啊，我們也常常都是忘恩的人；
領受了祢許多的恩賜，但仍抱怨，因為環境困難。
求祢賜我們信心，知道祢與我們同行，
一同走過順境逆境！

主啊，我們常常都是畏懼的人；
面對不公、怯懦，不敢提出抗議。
求祢教導我們怎樣健康地敬畏神，
崇敬祢的標準和穩妥的判斷！

主啊，我們常常都是過度敏感的人；
只顧我們的權利，忽視別人的利益。
求祢引領我們善待別人，
正如我們希望別人善待我們一樣！
求祢幫助我們維護別人的利益，
正如祢維護我們的利益一樣！

阿們。

思考問題

❶ 基督徒需要辨析問題和拿出勇氣。我們怎樣正視香港人經常歧視菲律賓人、黑人和窮人的表現呢？

❷ 有哪些聖經人物和經文可以幫助我們得勝歧視和怯懦呢？

❸ 有哪些電影或者故事可以幫助我們勝過歧視和怯懦呢？

❹ 有哪些人或者組織可以幫助我們拿出勇氣，正視艱難的問題呢？

13
出賣
疑心重和要求高的多馬
經文：約翰福音二十章 24 至 29 節

聖經論門徒多馬

在大齋期，檢視不同的出賣形式是合宜的。我們閱讀聖經是為要尋找自己的影子。在表現軟弱的人身上找到自己影子的人是有智慧的。我們都是有罪的人，無法盡心、盡性、盡意和盡力愛神。我們都有時出賣美善的至高視像。我們走上這條齋戒的路，就是為了揭露那些通常不會探究的地方。我們膽敢這樣做，因為我們相信我們的神是位仁慈的醫生，會赦免那些與祂親近的人。

我們要看看彼得和多馬，其中兩位與耶穌同行的門徒。我們先看多馬。在約翰福音裏頭，我們找到四處提及多馬的地方。第一次在約翰福音十一章。耶穌知道拉撒路死了，便呼叫門徒與他一起到伯大尼去。伯大尼鄰近耶路撒冷，是拉撒路居住的村莊。耶穌說：「我們的朋友拉撒路睡了，我去叫醒他。」（約十一 11）眾門徒當然不明白耶穌何以要去叫醒一個睡了的人。耶穌便作出解釋：「拉撒路死了。我沒有在那裏就歡喜，這是為你們的緣故，好叫你們相信。如今我們可以往他那裏去吧。」（十一 15）多馬回應說：「我們也去和他同死吧。」（十一 16）

多馬這句話的意思很難明白。有學者認為多馬勇敢，有人認為他悲觀，也有人認為他有不滿。我問自己，他是不是在挖苦人。無論如何，多馬既不雀躍，也不明白。但是，他還是去了。

第二次提到多馬是約翰福音十四章。耶穌說：「在我父的家裏有許多住處；若是沒有，我就早已告訴你們了。我去原是為你們預備地方去。我若去為你們預備了地方，就必再來接你們到我那裏去，我在哪裏，叫你們也在那裏。」（約十四 2～3）多馬問了一個問題：「主啊，我們不知道你往哪裏去，怎麼知道這條路呢？」腓力隨即加入討論，耶穌便交出一個美麗的說法：我們看見耶穌，便看見父。但是，到這個時候，多馬仍然不大明白耶穌教訓的深層意義。

第三次提到多馬是約翰福音二十章，即這章選讀的經文。經文與耶穌的復活有關。當耶穌在復活日向門徒顯現時，多馬並不在場。他們把這事告訴多馬時，多馬發誓不會相信復活的事，除非他摸過耶穌的手和肋旁。一個禮拜後，基督再次向門徒顯現。祂邀請多馬摸祂的手和肋旁。祂吩咐多馬：「不要不信，要信！」〔編按：按作者譯文翻譯〕我們不知道多馬有沒有摸耶穌。但我們聽聞了他那高超的認信：「我的主！我的神！」(約二十 28) 耶穌表揚他，又賜福所有相信祂的人。其中包括許多未曾見過祂的肉身卻經歷到復活大能的人。

約翰福音二十一章再次提到門徒。我們可以假設，多馬也在當中。這些門徒在主復活以後重操故業——打魚。耶穌向他們顯現，又與他們交談。耶穌邀請他們來吃早餐。請聽 12 節怎麼說：

> 耶穌說：「你們來吃早飯。」門徒中沒有一個敢問他：「你是誰？」因為知道是主。

之後，耶穌吩咐彼得餵養他的羊，即是，開始牧養羣羊的工作。

多馬的信心增長。起初，他聽從耶穌的呼召，跟隨祂，作門徒。他不明白耶穌的說話的意思，但他仍舊跟隨。一旦被說服，便作出完全、公開的認信。他只可以說：「我的主！我的神！」他是其中一位最早期的福音傳播者和早期教會的牧者。值得留意的是，印度那歷史久遠的聖多馬堂宣稱，多馬是他們的宣教士，是將基督教帶到印度的人。無論此說是否屬實，多馬很早便得人敬重，被視為早期福音傳播者和宣教士。他的事迹一直在孕育印度的基督徒。

多馬與抹大拉的馬利亞與復活的基督相遇

還有一個故事講到另一個想觸摸復活主的人。你記得，較早前，在約翰福音二十章，抹大拉的馬利亞去到耶穌的墳前哭。耶穌現身，問她因何哭。她回答說，她主的遺體給人取去了，她想取回來。耶穌說：「馬利亞！」她認出那是誰的聲音，便轉過身來，說：「夫子！拉波尼！」她想摸耶穌，想抱緊耶穌。耶穌說：「不要摸我！不要抱緊我！因為我還沒有升上去見我的父。你往我弟兄那裏去，告訴他們說：我要升上去見我的父。」

幾年前，在香港，我聽過一位聖公會座堂牧師以這個故事講道。我常常記起講道的內容：馬利亞必須放手，讓耶穌走，才可以重新得著耶穌。她不能死守過往或者過去作門徒的方式。她是第一個見證主復活的人。她要告訴其他人，耶穌必須離去，上升到父那裏。耶穌將會以新的方式，在聖靈的能力中來到。作為靈，世界上每一個聽祂慈愛呼召、作祂門徒的人都可以即時與祂接上。我們不能留住過去，重演過去，活在過去。我們一生要不斷放手，使我們可以活在滿有動力的靈中。

耶穌禁止馬利亞摸他；卻邀請多馬摸他。因何有兩種不同反應？多馬的信心需要堅固。耶穌便給這一個不容易明白耶穌所有奧祕的好人一個特別的機會。當然，我們所有人都不容易完全明白耶穌的意思。但是，多馬需要一點特別幫忙，主便幫助他。馬利亞有能力做個信實可靠、愛主的門徒，即使不能摸主或者抱緊主也不成問題。

疑惑與相信的動力

我們來探討疑惑與相信的動力。兩者其實互相緊扣，在我們所有人裏頭形成一種動態的張力。情況有點像愛與怒。強烈的愛情可以受傷、可以感到失望、感到被出賣，我們因而憤怒。認為自己極其愛神的人可以受傷，生出憤恨。當然，也有可能是我們陷神於不義，以致我們因神沒有按照我們的要求去做而惱恨神。在與神相愛的過程中，我們若感到失望或者憤怒，便當看看在我們心中、我們向祂作出承諾的那位神是怎樣的一位神。聖經中的神比我們高超，不受我們操控；在人生中與祂爭鬥，我們便會受傷，好像雅各那樣。

但是，我們談的是疑惑與相信。我們因何要活在疑惑之中？我們有那麼多美好經驗，使我們確信神活在我們的世界和個人生活中，但是疑惑的時刻仍會不時出現。有疑惑是罪嗎？不！作為一個華人教會的牧師，我經常遇到一些人，他們嚴厲批評那些對宗教心存疑惑的人。他們認為，疑惑不是好事。我真的希望有更多時間可以與我的羊一同認識這個問題。當人對宗教存疑時，他身邊的基督徒作出批評和態度輕視，並不會對他有任何好處。

內子頗善於幫助那些對信仰存疑的學生。她與掙扎於澄清信仰的年青華人學生交談，他們會說出他們的疑惑。一位學生告訴她，他很難相信聖經中的神蹟。耶穌真的行走在水面上？真的用五餅二魚餵飽五千人？真的使死人復生？諸如此類。內子靈光一閃，說：實際上，基督徒要信的，只有一個神蹟，即是，耶穌是神所充滿的。假如我們要尋找神，細看耶穌這人，祂就是完全的神。至於其他神蹟，能信的便信，不必過分緊張！

這樣做有好處。將注意力集中在疑惑的性質。你有時也會懷疑神的存在？神的美善？神的能力？讓我分享一點我的心路歷程。在大學時期，我希望為相信神奠定理性基礎。傳統的論證並不能滿足我。我最終明白：我們不能證明有神，也不能證明沒有神。對我來說，相信在我以外有奧祕或者深不可測的事，比相信一切由我創造容易得多。相交於不作終極抉擇、活在不定向中，一生與相信掙扎肯定豐富得多。可以肯定的是，這至少比以自己的意見作為萬事的準則豐富得多。

以前，我經常問自己：何以我的太太不多理會關於神存在的理論問題，而只問基督徒有沒有盡上他們的道德責任？我假設，她關心的，是如何落實相信神是公正的信心。她有一種功能性的信心。她的疑問在於信徒是否真誠，教會有否盡上本分？關注相信神的人有否信行合一，看來比關注神本身的問題更為重要。

這樣看來，疑惑至少有兩種形態。我們可以懷疑神是否存在，不知道各種神談（God talk）會不會是人類恐懼和夢想的投射。我們也可以懷疑神的能力，不知道神是否能夠推動祂的兒女秉行公義、熱愛生命。今天，我們同在教會裏，因為我們選擇信靠神。我們不願讓步予失望或者憤世嫉俗。我們不相信我們可以單憑自己的力量解決問題。與對神的信心相關的，是對教會的信心。我們不願放棄教會，儘管我們知道神的教會大於宗派結構。但是，我們需要有家庭的支持和紀律。我們需要與有視像的人連結在一起。

信心英雄——蒙席吉訶德的故事

我們可以怎樣互相鼓勵？我們可以細看憑著堅強信心、積極影響世界的人。我心目中的英雄有德蘭修女、卡達總統（Jimmy Carter）、馬丁．路德．金（Martin Luther King）、甘地（Mahatma Gandhi）、聖法蘭西斯（St. Francis）和朱莉安（Lady Julian）。

我們也可以細看那些不見經傳卻一生努力相信的人們。其中一位我喜愛的信心聖人就是蒙席吉訶德（Monsignor Quixote）。他是葛霖姆．葛林（Graham Greene）虛構的小説人物。葛林是英國人，歸信了羅馬天主教。他筆下的聖人全部都有缺點，且曾有過深重的疑惑。吉訶德神父地位低微，是一條西班牙村莊的司鐸。在他的主教眼中，他是個危險人物，是個笨蛋。吉訶德神父據說是十七世紀西班牙唐．吉訶德（Don Quixote）的後人。像他的先祖，他為神甘做愚公。他想改正世界的錯誤，作個神聖的武士，但在世人眼中他是個傻瓜。他外表愚昧，內心卻清純。

葛林把這個人物刻畫成現代吉訶德，又為吉訶德神父預備一位同伴，就是艾爾．托巴蘇市（El Tobaso）的前任市長。他是一個現代人，信奉馬克斯共產主義，追求進步和公正。市長三曹（Sancho）對馬克斯和他的聖經《資本論》（*Das Kapital*）極有信心。他熱心追求夢想，努力去除迷信、獨裁和低效率。兩位朋友互相欣賞，因為大家都堅持原則，為所信的付上代價。他們互相挑戰，又淨化彼此的思想。

市長承認，他也曾幾乎完全失去對馬克斯宗教的信心。吉訶德神父同樣承認，他也有過疑惑。只是，他的疑惑在於自己是否配做一個好司鐸，以及教會有否活出天主的真正聲音。兩位朋友一同渡假。這是兩個粗人的故事，內中有一連串惹人發笑的片段。他們繼續互相挑戰，要對方解說自己信些甚麼和信的因由。吉訶德神父雖然比市長朋友單純，卻大大改變了他的朋友，因為他洋溢著無條件的愛。他極其謙卑，渴望各個人都得到有福、圓滿的生命。

不過，市長三曹也對吉訶德神父造成影響。他的馬克斯願景迫使他批評教會，因為教會常常輕視窮人，只知維護富戶和現狀。有一次，吉訶德神父襲擊一個天主教遊行隊伍，因為在節慶之中，有錢人把錢貼在童貞女馬利亞的像上，便被人奉為上賓。主教惱怒這位不識時務的司鐸，不再讓他主持告解和崇拜。吉訶德神父的專業被他的教會扼殺了，但他的宗教告訴他，神常常透過教會來做事。正所謂禍不單行，除了因破壞這個庸俗的慶節而受到傷害，他還落入極大的沮喪之中。朋友三曹站在一旁，感到無助和憤怒，卻仍然支持愛護他的好朋友。

吉訶德神父在人生最後階段茫然走進教堂。他想在死前再一次主持彌撒，將神愛的恩賜分給他的朋友。儘管他死的時候，被教會排斥，陷入幾乎完全失常的狀態，但他的信心贏得勝利。這是一個發人深省的故事。雖屬虛構，但在我看來，它傳達了屬靈實況。它凸顯信仰要冒的險和要付的代價。我為有這個故事而感恩。每次再讀這個故事或者觀看所拍成的電影，我都得著鼓勵。多年來，這個故事一直是我在大齋期自省的部分練習。

相信與疑惑相互結連。像多馬，我們的信心可能強弱不定，但我們可以選擇培育信心。我們可以細看各種可能性，以決定我們那偉大、瘋狂的視像是否真能賦予生命意義。我們可以仰望基督，然後重新肯定他是我們的鑰匙，可以打開一個由美善和公正主導的世界。

禱告

主啊，有時我們的信心強，我們便歡欣，滿有自信；
有時，我們的信心弱，我們便懷疑祢的同在和能力。
當這些試煉時刻來臨時，求祢提醒我們：
我們並非單獨一人；
祢所愛的偉大聖人也認識疑惑和相信、灰心和希望。
我們記得基督在十架上喊叫：
我的神，為甚麼離棄我？
正如祢沒有離棄祢的兒子，我們相信，
當我們在黑暗中，祢也不會離棄我們。
求祢賜我們在信心生活中堅持下去！
我們唱得勝的歌：我們終必得勝！哈利路亞。

阿們。

思考問題

1. 因何有些人害怕承認他們對神有疑惑？
2. 哪時疑惑是好事？哪時是壞事？
3. 請重溫談及多馬的經文。多馬是個沒有信心的人嗎？
4. 基督徒的信最終是信的跳躍嗎？我們需要多少確定才能相信呢？

14
出賣
有勇有懼的彼得

經文：馬太福音二十六章 57 至 58 節、69 至 75 節

細看彼得的人生

在大齋期探討耶穌門徒的信心旅程是合宜的。彼得是個引人入勝的人物。他是早期教會領袖，也是馬太福音特別關注的門徒。相比之下，我們對彼得的認識較其他門徒為多，也多少明白他的基本性情。他魯莽，思想和行動都很快，甚至太快。但是，他是受教的人，也是耶穌所愛的門徒。當然，他出賣主的那個晚上的記憶，將令他感到抱憾終生。儘管早期教會接受他的領導，眾福音書卻如實地宣告，他是個有十足人性的聖徒，不能經常活出至高的標準。要發現這位愛主但不完全的人與我們相似的地方，一點不難。

讓我們來看看福音書怎樣交代彼得的生平事迹。我們

初次聽聞彼得這個人的時候，他有家人，以捕魚維生。耶穌呼喚他放下舊日生活，作祂的門徒，開始新的歷程。

馬可福音一章告訴我們，耶穌在施浸約翰下監後開始出來講道。祂承接約翰的信息，卻賦予更深層的意義。這個信息是：「日期滿了，神的國近了。你們當悔改，信福音！」（可一15）耶穌的服事由選召門徒來開始。他們要直接認識祂的信息，然後繼續祂的工作。馬可福音一章16節這樣說：

> 耶穌順著加利利的海邊走，看見西門和西門的兄弟安得烈在海裏撒網；他們本是打魚的。耶穌對他們說：「來跟從我，我要叫你們得人如得魚一樣。」

之後，耶穌再往前走，又再呼召兩個漁民作他的門徒。於是，首批蒙召的門徒是四位漁民：西門．彼得、他的兄弟安得烈、西庇太的兒子雅各和他的兄弟約翰。他們要成為得人漁夫、傳播福音的人、帶來好消息的人。

馬太福音十四章講述了一個怪異的故事：耶穌在水面上行走、令祂的門徒大感困惑。他們不知道祂是鬼魂不是，便驚叫起來。彼得的反應比大部分人快，他對耶穌說：「主，如果是你，請叫我從水面上走到你那裏去。」（太十四28）耶穌說：「來！」彼得便離船，踏足水面。看來，他曾經在水面上走過。請聽30節怎樣說：「只因見風甚大，就害怕，將要沉下去，便喊著說：『主啊，救我！』」耶穌伸手拉起他，並問他因何信心這麼小。

彼得雖曾失敗，但也有過自負的時刻。根據馬太福音十六章的記載，耶穌和眾門徒往北走，到該撒利亞．腓立比。耶穌問他們：祂是誰？有甚麼特別身分？再一次，彼得搶先回答，作出認信，說：「你是基督，是永生神的兒子。」（太十六 16）這次，耶穌稱讚彼得，對他說，這種信將要成為教會的基石。神要將能力賜給那些深知基督是神兒子的信徒，使他們可以勝過罪和死，也可以捆綁和釋放。捆綁和釋放是猶太專門用語，指對神的律法有正確認識。那些在靈裏知道基督是永生神兒子的人，他們知道在教導基督教信仰之道時，哪些事有約束力，哪些沒有。

你也記得：在這個偉大認信之後，彼得隨即跌倒。耶穌開始教導門徒說，祂必須受苦和被殺。彼得為此斥責耶穌，他並不知道建立神新國度的方式就是透過十字架、受苦犧牲。耶穌以嚴厲的話回應說：「撒但，退我後邊去吧！你是絆我腳的；因為你不體貼神的意思，只體貼人的意思。」（太十六 23）

彼得還有另外一次自負的經歷，就是看見耶穌在山上變像。彼得連同雅各和約翰，蒙耶穌揀選，在祂禱告、與父親近的時候，與祂同在。又一次，彼得不大明白這經驗的意思。

彼得面對耶穌被捕

我們再次聽聞彼得的事，要到耶穌在客西馬尼園被捕的時刻。馬太福音二十六章的交代頗為詳細。耶穌請他的入室弟子，彼得連同雅各和約翰，留在附近，好等祂退到一旁禱告，與父親近。耶穌需要與祂的入室門徒分享祂內心的掙扎。只可惜，他們都睡了。耶穌叫醒他們，對彼得說：「你們不能同我警醒片時嗎⋯⋯你們心靈固然願意，肉體卻軟弱了。」（太二十六 40 ～ 41）耶穌第二次、第三次叫醒彼得和另外兩個門徒，但他們還是不能保持清醒，還是不能分擔耶穌的重擔。最後，耶穌宣告說，是時候離開了；賣祂的人近了。

猶大帶著一大羣人，帶著刀、棒，由祭司長和民間長老那裏來到園子。他與耶穌親嘴，說：「請拉比安！」藉此，猶大指明誰是要被捉拿和帶走的人。51 節有一個小插曲：「有跟隨耶穌的一個人伸手拔出刀來，將大祭司的僕人砍了一刀，削掉了他一個耳朵。」耶穌斥責這位熱心的支持者，說：「收刀入鞘吧！凡動刀的，必死在刀下。」（太二十六 51 ～ 52）

這個魯莽的人是誰？約翰福音十八章 10 節說是彼得：「西門．彼得帶著一把刀，就拔出來，將大祭司的僕人砍了一刀，削掉他的右耳；那僕人名叫馬勒古。」彼得仍舊是那個模樣：先是行事輕率，然後害怕起來。

耶穌被帶到大祭司該亞法的府第。彼得離遠跟著，進到外院，等候消息。馬太強調審訊耶穌的行動並不公正，眾祭司和整個議會以假見證來誣告耶穌，好使他們可以置祂於死地。彼得在院子守候時，有一個婢女認出他，說：「你素來也是同那加利利人耶穌一夥的。」（太二十六 69）彼得否認，走到另一個院子。另一個婢女也認出他，同樣指控他是拿撒勒人耶穌的同黨。這一次，彼得發誓否認。站在一旁的人留意到他有加利利口音，肯定他是其中一個耶穌的門徒。彼得又急又怕，便發咒起誓說：「我不認得那個人。」（二十六 74）雞叫了，彼得記起耶穌曾經說過，雞叫以先，他要三次不認他的主。彼得便出去，痛哭。

彼得出賣主不是故事的結局。彼得也並非只有魯莽和怯懦的一面。約翰福音以復活的耶穌任命彼得餵養祂的羊來結束他的故事。使徒行傳談到彼得在早期教會中講道和施行醫治。彼得和保羅成了偉大的福音傳播者。

他們贏取了猶太人和外邦人對復活基督的信心。我有一幅個人珍愛的聖像，聖像顯示彼得和保羅互相親嘴。這表示，兩人一起在早期教會中發揮重大影響。儘管彼得成了早期教會的重要領袖，他仍舊是有時英勇，有時怯懦。你記得，在加拉太書二章，保羅斥責彼得，因為在嚴謹的猶太基督徒監視之下，彼得拒絕與外邦基督徒同枱吃飯。

聖經沒有交代彼得死亡的情況。但是，有神聖傳說提及，他到了羅馬，在那裏忠心作見證，最後殉道。根據傳說，他請求把他倒過來釘十字架，因為他不配以與主相同的方式捨命。我們不知道實情是否這樣，但這與他偶有英勇表現的個性相符。

兩位經得起考驗、因信殉道的聖徒

想到門徒在受到當時權力系統挑戰之時，他們可能會否認信仰，我便想起兩個故事。在十六世紀的英格蘭，有兩個人為他們的基督教信仰捨命：一位是羅馬天主教徒，一位是新教徒。

克藍麥（Thomas Cranmer）是英王亨利八世（Henry VIII）在位時的英格蘭大主教。英格蘭聖公會的成立有他的分兒；《公禱書》（*Book of Common Prayer*）的編成費了他不少工夫。他極其熱衷工作，為英王分擔大小事務，後來更出版了一部講道集，供新生的英格蘭新教教會的傳道人在有需要時參考。他不求高位，但也不怕承擔責任。

當瑪麗．都鐸（Mary Tudor）成了英格蘭王后之後，克藍麥便日子無多。瑪麗王后是虔誠的羅馬天主教徒，決意帶領英格蘭回歸正統信仰。她需要除掉新教教會的領袖。於是，克藍麥被捕，並且經過徒具虛殼的審訊，被判有罪自然不在話下。因為他傳播異端，他要被綁在柱上活活燒死。判決作出以後，克藍麥宣佈撤回他的信仰聲明。他有點像膽小的彼得，在服事一位不能再保護自己的主子。也許，他以為這樣做，可以逃過一劫。只是，瑪麗王后意向堅定；絕對不肯開恩。在為接受死亡作準備的過程中，克藍麥作了一個出人意表的認信。他宣示了他的真正本色。他的確相信新生的英格蘭聖公會所代表的原理，並為自己在生命受到威脅時不認他的教會感到慚愧。

據說，克藍麥把手伸進火中，然後宣告說，他以這隻曾經簽署文件、否認真信仰的手感到羞愧。在一五五六年，他在牛津被綁在柱上燒死了。今天，那裏還有標記顯示他被燒死的地點。對那些信奉英格蘭新教的人來說，那是個聖地。

現在，讓我介紹另一位殉道者：摩爾爵士（Sir Thomas More）。他是當代其中一位最有才華的人——律師、商人、法官、作家和亨利八世在位時英格蘭的大法官。摩爾是位虔誠的羅馬天主教徒。在亨利脫離羅馬天主教會、另立英格蘭聖公會時，他面對極大的危險。亨利需要為他的行動尋找理據。有一些誠懇的人是相信新教教理的；其中包括克藍麥，他在羅馬天主教徒瑪麗·都鐸繼父親亨利登基之後殉道。也有一些好人是相信羅馬天主教會的。當亨利要擺脫羅馬天主教的影響時，這些人便有麻煩。

摩爾沒有即時被殺，原因有二：他是個律師，知道怎樣回應指控才不會令他入罪；人人都知道他是個正直和虔誠的人，沒有人會相信他曾做出卑賤的事。但是，最後，終於有人願意起來作假見證。當摩爾被判有罪的時候，他表白了他的真正信仰。沒有法律的保護，他直言不諱，他信神，他信他所屬的羅馬天主教教會。摩爾在一五三五年殉道，比克藍麥早二十一年。

兩個人為兩個不同教會捨命，兩個人都可以同時被尊為基督教的殉道者嗎？可以！實際上，他們是為同一個教會捨命。以羅馬天主教形式出現的教會是摩爾認識神的渠道。以新教形式出現的教會是克藍麥認識神的媒介。

講到基督徒受到不同政府和權力系統折磨，我們還有許多故事可以講。在過去一百年，中國和俄羅斯都有不少基督徒有分成為殉道者。我們大部分人都不用面對彼得或者克藍麥和摩爾所面對的重大壓力。但是，我們總會面對彼得所面對的挑戰，我們受到攻擊，不知道如何保護自己才好。

我們是經得起考驗的聖徒

當我們走進工作間，走到蔑視我們的信仰或者不認識我們的信仰的世俗思想家中間，有時甚或走進與我們意見完全相左的基督徒中間，我們也會感到膽怯。我們或會做出誇張的動作，好像彼得那樣，衝動出擊。彼得確曾削掉大祭司僕人的耳朵。我們或會作出偉大的宣告，卻不知道自己所講的是甚麼。彼得也曾承認基督是永生神的兒子。我們或會淡化我們與整個基督教大家庭的關係，因為這個家庭有部分人令我們感到尷尬。我記得：當美國一些電視佈道家爆出性醜聞後，身在香港的我一度不敢在健身室對人說我是個牧師。

在人生不同階段，我們都會遇到試探，想不認主和他所代表的道理。我真的可以對不熟識的朋友說，我相信神愛同性戀者、共產主義者、享受各種福利的新移民、露宿者——就好像愛我一樣？我真的可以說，我盡心愛神，但卻不肯慷慨解囊，支持教會和人道工作？我們都認識過猶不及的試探。我們明白彼得的感受。我們也有時跌倒，有時得勝。

但是，我們信的，是一位大有信實的神，即使我們失信，祂仍然可信。我們信的，是一位大有能力的神，祂能幫助我們邁向內外一致。我們若運用我們那個小小芥菜種的信心，站穩神給我們顯明的真理立場，我們將會發現結果是我們意想不到的。

我們犯罪，往往是因為我們害怕，好像彼得那樣。既是這樣，我們當怎樣應對呢？我們得勝是透過定睛在神的能力之上，這能力使我們能夠去愛。像彼得在風浪大作的海面上行走，我們也可以昂首前行，只要我們繼續定睛在主耶穌身上。我們所面對的，試問有哪些是祂不曾面對過或者不明白的呢？我們所受的羞辱或者指控，試問有哪些是祂不曾受過的呢？祂已經得到滿有養育之恩的神給他平反了。像彼得一樣，我們也可以在理解和正直上繼續成長。像彼得一樣，我們也是蒙愛的，也會受管教，也會奉派去關顧。像彼得一樣，我們承認我們的失敗，我們發展我們的強處。像彼得一樣，我們努力活出我們的認信：「耶穌，祢是基督，是永生神的兒子。請祢幫助我成為你的弟兄/姊妹！阿們。」

禱告

主啊，我們中間有人行事魯莽，說話太快；
我們中間有人不敢說話，反應太慢。
求祢賜我們智慧，
在愛中講說真理！
在信中講說真理！
在望中講說真理！

祢是至高無上的神，以公正和真理管治一切。
我們希望在祢講說真理的事上有分。
求祢去除我們的恐懼！
我們希望得著我們主耶穌的話：
真理使我們得自由！
哈利路亞。

阿們。

思考問題

❶ 甚麼因素使彼得最終成為教會的好領導？

❷ 彼得有時英勇、有時怯懦，這兩種極端而相反的反應也可能構成問題。請說明會帶來甚麼問題。

❸ 請重溫兩位經得起試驗的聖徒克藍麥和摩爾的事迹。兩人有何不同？在靈裏又有何相似？

❹ 請提出一些令你感到害怕的事，一些使你好像彼得那樣行事草率又或者切法逃避的事。

15
出賣
自行開脫的彼拉多
經文：約翰福音十八章28節至十九章16節

馬太福音和馬可福音中的彼拉多

在大齋期，多多檢視心靈是好事。我們一直在看不同形式的出賣。我們檢視自己在道德上的軟弱和罪疚。現在，我們研究本丟．彼拉多的事迹，他是宣判耶穌死罪的羅馬官員。每一次基督徒宣讀使徒信經，彼拉多的名字便會被提及。「我信耶穌基督……因聖靈感孕，由童貞女馬利亞所生，在本丟．彼拉多手下受難……」每卷福音書都有提到彼拉多，那位判耶穌死罪的羅馬官員。但是，各卷福音書論述這個人的手法卻稍有不同。

馬可福音的記載最為簡單。彼拉多問耶穌是猶太人的王不是。耶穌間接地回答，說：「你說的是。」（可十五2）然後，彼拉多問耶穌有沒有要為自己講的話，因為他大大的激怒了他的同胞。耶穌完全不答，彼拉多於是感到奇怪。後來，彼拉多問羣眾要不要釋放耶穌，因為按照規矩，在逾越節期間，要特赦一個犯人。在眾祭司的煽動下，羣眾要求釋放巴拉巴，並把耶穌釘十字架。在馬可福音十五章15節，我們聽見以下的話：「彼拉多要叫眾人喜悅，就釋放巴拉巴給他們，將耶穌鞭打，交給人釘十字架。」彼拉多的情操看來並不怎麼高尚，因為他害怕羣眾，想討好羣眾。但是，最主要的情緒是對眾祭司在背後舞弄的厭惡。

馬太福音加插了兩點細節，是其他福音書所沒有的。根據馬太福音二十七章19節，彼拉多的妻子派人傳話給彼拉多，說他不應定耶穌有罪。她造了一個令她不安的夢，知道耶穌是個義人。此事令我們想起該撒的妻子也曾警告她的丈夫不要到議會去，因為她也造了一個令她不安的夢，夢見有災難發生。彼拉多相信耶穌是無辜的，卻不敢聽從妻子的意見。值得一提的是，東方教會重視記念彼拉多的妻子。她有一個名字：帕基娜。她被封為聖，在眾聖徒中享有特別的榮譽。

馬太另外提到，彼拉多當眾洗手，以表明他不認同羣眾作出的要求。請聽馬太福音二十七章24節怎樣說：

> 彼拉多見說也無濟於事，反要生亂，就拿水在眾人面前洗手，說：「流這義人的血，罪不在我，你們承

當吧。」

當眾洗淨雙手，以表明判決存在不公，或會令彼拉多感覺好一點，但他仍舊是惟一一個有權定耶穌死罪的人。他也確實這樣判了！

路加的記載

路加記載了一個特別的故事。在定耶穌有罪的事上，彼拉多尋求希律王的意見。根據路加福音二十三章，百姓指控耶穌，說祂教他們背叛羅馬。2 節提到：「我們見這人誘惑國民，禁止納稅給凱撒，並說自己是基督，是王。」百姓定意以政治為由捨棄耶穌。彼拉多知道耶穌來自加利利，而加利利的分封王希律安提帕剛好在耶路撒冷，便把耶穌送到希律王那裏。希律王樂於盤問耶穌，因為他期望看見耶穌行一些神蹟。

然而，耶穌不肯答話，令希律王非常不快。希律的將士嘲弄耶穌，把袍子加在祂身上，讓祂做個假王帝，之後便送還給彼拉多。經文說，希律和彼拉多先前是敵人，從此以後卻成了朋友。真諷刺！耶穌竟成了將彼拉多和希律兩個這樣的人拉在一起的和平締造者。

根據路加福音的記載，彼拉多三次審問耶穌，深信祂沒有犯甚麼該死的罪。但是，他無法安撫羣眾。路加福音二十三章 24 節說：「彼拉多這才照他們所求的定案」。路加福音的焦點落在希律王的將士麻木不仁、嘲弄耶穌，以及情緒受到激動的羣眾。彼拉多並不是大惡人，他有責任主持公正，卻把主導權拱手讓與羣眾。

約翰的記載

接下來就是約翰福音。這裏，我選讀約翰福音的經文，因為我喜歡這個故事背後的神學意義。根據約翰福音十八章，猶太人一開始便非常小心謹慎，以免沾染污穢。他們去見彼拉多，卻不進他的院子，因為進入外邦人的地方令他們成為不潔。他們留在外面，卻要求彼拉多聽他們伸訴。他們努力保守自己在禮儀上潔淨，使他們之後可以守逾越節。這豈不是一大諷刺？猶太人講究小小的禮儀律例，卻不怕犧牲他們的先知？

彼拉多請猶太人自行解決內部問題，因為中間牽涉的似乎是宗教顧慮。他們指出，他們要求判處死罪，但這個判決只有彼拉多才有權作出。彼拉多問耶穌：「你是猶太人的王嗎？」(約十八33)在約翰的記載中，耶穌說話較多。他逗弄彼拉多，進行討論，回答說：「這話是你自己說的，還是別人論我對你說的呢？」彼拉多給惹怒了，回話說：「我豈是猶太人呢？……你做了甚麼事呢？」耶穌解釋說：「我的國不屬這世界……」彼拉多似乎感到有點興趣，回應說：「這樣，你是王嗎？」耶穌的答案是一個神學陳述，這句話令我們想起約翰福音早前講過的話：「我……來到世間，特為給真理作見證。凡屬真理的人就聽我的話。」彼拉多接續問：「真理是甚麼呢？」（十八 34～38）之後，便出去見猶太人，對他們說，他查不出耶穌有甚麼罪。他準備按照逾越節的特赦規矩釋放耶穌。但是，羣眾喊叫，說要釋放巴拉巴，把耶穌釘十字架。

於是，彼拉多便為猶太人做了一場戲。他命人鞭打耶穌，為祂帶上荊棘造的冠冕，又穿上代表王族的紫袍，便將猶太人的王展現在他們面前。說不定，他是希望藉著挖苦耶穌，消滅他們的狂熱情緒。他這樣做的意思是：「你們怕甚麼？這樣可憐的一個人可以做出甚麼？」但是，羣眾一點也聽不進去。他們終於對彼拉多講出痛恨耶穌的真正原因。十九章 7 節這樣說：「我們有律法，按那律法，他是該死的，因他以自己為神的兒子。」彼拉多忽然害怕起來。他問耶穌：「你是哪裏來的？」耶穌要講的話差不多都講完。彼拉多以近乎懇求的語調，說：「你豈不知我有權柄釋放你，也有權柄把你釘十字架嗎？」耶穌最後一次對彼拉多說：「若不是從上頭賜給你的，你就毫無權柄辦我，所以把我交給你的那人罪更重了。」（約十九 10～11）耶穌的意思是，眼前事件要從更廣闊的背景來理解，彼拉多並不掌握最終權力。

彼拉多再次徵詢羣眾的意見。他們再次要求處死耶穌。羣眾並非全無理智。他們假冒為善地說：「除了凱撒，我們沒有王。」(約十九 15)猶太人素來鄙視外邦主子，一直渴望有自己的王，他們在舞弄政治手段。這位羅馬官員豈敢不聽從這些忠心耿耿的百姓，除掉煽動他們背叛羅馬的人呢？

彼拉多判耶穌死罪。但是，他同時對不講理的百姓作出報復。在十字架上端要釘上一個寫有罪名的牌子。牌子上分別用希伯來文、拉丁文和希臘文寫上「猶太人的王」。祭司長要求彼拉多重寫成為「他自己說：我是猶太人的王」。但是，在這小事上，彼拉多贏了一仗。他漫不經心地說：「我所寫的，我已經寫上了。」(約十九 22)約翰比其他福音書的作者更重視這個名號。事實上，約翰相對詳細地交代了耶穌與彼拉多的真情對話。

我們該怎樣看彼拉多呢？我們有兩個提到彼拉多的經外材料。斐羅(Philo)和約瑟夫(Josephus)兩位文人都給予彼拉多負面的評價。斐羅報稱，彼拉多犯了強姦和謀殺罪。約瑟夫說，彼拉多屠殺撒馬利亞人，為的是保護聖器，因而要向羅馬交代，最後更被革職。

福音書作者也許淡化了這人的奸詐。他們著重顯示猶太羣眾在祭司們的煽動下促成了耶穌的死。彼拉多也許軟弱，對猶太事務認識有限，被迫作出這樣的決定，這是可以理解的。各卷福音書的記載都暗示，他認為耶穌罪不致死。假如耶穌對羅馬的穩定造成威脅，他肯定早已提高警覺，也會及時採取行動。

我們都有分把基督釘十字架

要詆毀那些迫死耶穌的人一點不難。沒有一個人要負全責：法利賽人和祭司在信仰的解釋過分僵化；羣眾變化莫測，易受煽動；眾門徒在恐懼中跌倒；彼拉多在壓力下屈從。我們必然可以從那些有分導致真理之君耶穌死亡的人身上，找到自己的影子。我們都是罪人，而我們全部人的罪都落在祂身上。我們絕不能將耶穌被殺的責任完全歸咎猶太人。我們的宗教有著太多反猶太、恨猶太的言行。請記得：負責秉公行義、背負堅定公平的期望的，是一個外邦人，彼拉多。地上各種力量結合在一起，便把令人感到痛苦的真理化身耶穌基督殺死了。

出賣的一種形式就是讓步予欺凌人的力量，使弱者被踐踏，強者更放肆。強者若不受約束，便會成為邪惡力量，人人受苦。一個令人印象深刻的例子發生在一九三八年，當時英國反對抵抗希特拉（Adolf Hitler）。張伯倫（Neville Chamberlain）是當時英國首相，代表著千百萬國民的意見。他所作出的一連串決定，使三位獨裁者更加全無顧忌。一九三七年，西班牙爆發內戰，他使英國置身事外，佛朗哥（General Franco）便成了獨裁者。一九三八年，意大利侵佔埃塞俄比亞，他使英國坐視不理，墨索里尼（Benito Mussolini）便成了獨裁強人。德國納粹黨入侵捷克，他又阻止英國介入，希特拉便準備佔領整個歐洲。

到最後，英國還是要站穩立場，因為德國人後來兵臨城下。英國人英勇抗敵的事迹滿載史冊。他們若早一點採取行動，也許，情況會容易一點處理。我不會苛責英國人。我在國外生活多年，也十分明白美國人同樣會小心保護他們的生活方式。

因為美國的情況與歐洲和亞洲不同，許多美國人常常覺得我們無須負上堅決抵抗獨裁統治的擔子。我們或許無須派兵到地球上每個出事的角落，但是我們總要關心和盡力幫忙。不受約束的力量和邪惡系統最終會威脅我們的安全。我們不能洗手不理，好像彼拉多那樣，不能推卻為我們所有的弟兄姊妹追求公正和生命的責任。要抵擋邪惡和與邪惡爭戰，可以有許多方式；最重要的是，不退讓！

禱告

主啊，我們不想承認我們是人類腐敗系統的一部分。
我們承認我們個人的失敗。
但是，要看出集體的失敗是難的，遑論處理。
我們承認，當我們不是受到不公對待的人時，
我們都不願多加理會。

主啊，求祢赦免我們，
因為我們愧對我們所屬的大家庭！
我們為政府的官員禱告！願他們有智慧，行公正！
我們祈求我們意志堅定，
促使我們的領袖向百姓負責！

奉神公正的代表耶穌之名。
阿們。

思考問題

❶ 對羅馬帝國來說，彼拉多是個好官嗎？

❷ 為耶穌被殺而怪責彼拉多或者猶太人是容易的。但我們與這個千古罪行是否絕無關係？

❸ 有些政府任讓一班人被迫害或者被忽視，使它可以繼續掌權。你可以列舉一些歷史例子嗎？

❹ 我們喜歡為罪行尋找代罪羔羊。我們可以將納粹德國屠殺猶太人的罪全部歸在希特拉身上嗎？除此以外，是否再無別的因素？

❺ 耶穌也是代罪羔羊，祂與彼拉多或者希特拉有何不同之處？

16
出賣
時候未到的信從
經文：馬太福音二十一章1至9節

有關棕枝主日的記載

在棕枝主日，大部分教會都會選讀和思考那些講述耶穌最後一次進入耶路撒冷的經文。羣眾擁戴耶穌為彌賽亞式的大衞兒子。他們揮動手上的棕樹枝，把衣服鋪在路上，高唱盼望的詩篇：「奉主名來的是應當稱頌的！高高在上和撒那！」（太二十一9）不久之後，他們又再喊叫，要耶穌死：「把他釘十字架！」（太二十七22）羣眾的理解和熱情還未成熟。他們提醒我們所有人：不要貪圖廉價的恩典、易得的勝利、羣眾的心態。

四卷福音書都有提到耶穌滿有榮耀地進城。馬可勾畫這個片段的方式很有意思。在進入耶路撒冷之前，耶穌先到耶利哥，在那裏遇上瞎子巴底買。這位瞎子呼叫說：

「大衛的子孫耶穌啊！可憐我吧！」(可十47)他認出耶穌的特別身分，相信祂能醫好他，便表明他的信心。他得著了醫治。耶穌進城以後，運用祂的權柄，施行審判。祂潔淨聖殿，將兑換銀錢的人趕走；這些人迫使那些到來崇拜的人，將他們帶來的錢幣換成祭司們所接受的錢。然後，耶穌評論那棵被祂咒詛的無花果樹。咒詛這個象徵舉動表明，那些結不出悔改和相信果子的人也要受到審判。

馬太似乎繼續發展馬可的故事。他補充了一些有趣的資料。在耶穌進入耶路撒冷之前，祂必須從耶利哥上來。在耶利哥，祂遇上兩個瞎子，是兩個，不是一個。他們表明他們的信心：「大衛的子孫，可憐我們吧！」(太二十30)他們也得了醫治。

還有另一成雙之處。耶穌差派兩個門徒去把兩頭牲口牽來，作為耶穌的坐騎，一隻是驢，一隻是驢駒。早期教會細察經書，為要理解耶穌的生和死。在撒迦利亞書九章9節，他們找到一段經文：

錫安的民哪，應當大大喜樂；
　耶路撒冷的民哪，應當歡呼。
看哪，你的王來到你這裏！
　他是公義的，並且施行拯救，
謙謙和和地騎著驢，
　就是騎著驢的駒子。

人們認為，這段經文是有關彌賽亞的預言。經文由耶穌圓滿了。馬太便直接借用撒迦利亞書這段經文。於是，在馬太福音二十一章7節，我們得出以下一幅奇怪的圖畫：「〔他們〕牽了驢和驢駒來，把自己的衣服搭在上面，耶穌就騎上。」驟耳聽來，耶穌好像騎著兩頭牲口。這個動作好像不大自然，但馬太是受到撒迦利亞書的制約。進城以後，馬太跟馬可一樣，提及耶穌潔淨聖殿的故事，又有關乎無花果樹受咒詛不結果的講論。

路加同樣有其獨特色彩。當耶穌走近耶路撒冷時，祂看見城，便為城哀哭。祂作出預言，說有一日這城要被毀壞，所有人包括孩童要被消滅。然後，像其他福音書的作者一樣，路加在耶穌光榮進城之後，潔淨聖殿。

約翰也有他的獨特觀點。他將耶穌光榮進城，與羣眾因聽說耶穌使拉撒路死而復活而感到好奇來看耶穌，關連起來。約翰福音書十二章告訴我們，耶穌在逾越節前六日，來到伯大尼好友的家。馬利亞、馬大和拉撒路住在耶路撒冷的近郊，經常接待來自拿撒勒的朋友和老師耶穌。馬利亞用貴重的香膏膏耶穌的腳。這個舉動預示耶穌即將死亡。所以，約翰福音十二章12節這樣說：

> 有許多上來過節的人聽見耶穌將到耶路撒冷，就拿著棕樹枝出去迎接他，喊著說：
>
> 和撒那！

> 奉主名來的以色列王是應當稱頌的！

經文告訴我們，耶穌找來一隻驢駒，便騎在上面。約翰提出了所有福音書作者都提出的觀點，即是，百姓根本不明白耶穌的使命是甚麼。約翰福音十二章16節：

> 這些事門徒起先不明白，等到耶穌得了榮耀以後才想起這話是指著他寫的，並且眾人果然向他這樣行了。當耶穌呼喚拉撒路，叫他從死復活出墳墓的時候，同耶穌在那裏的眾人就作見證。眾人因聽見耶穌行了這神蹟，就去迎接他。

惟有約翰提及拉撒路從死人中復活的事。這是約翰筆下最後一個偉大的記號，也是猶太領袖動員羣眾將耶穌處死的原因。約翰以此凸顯神有使人死而復活的大能。就如昔日耶穌使拉撒路復活，照樣天上的父也要使耶穌復活。假如耶穌可以死而復活，照樣所有信祂、住在祂裏頭的人都可以復活。

那麼，我們該怎樣理解所謂耶穌光榮進入耶路撒冷呢？又該怎樣理解棕枝主日呢？耶穌周流傳道和教導，是時候讓祂停下來。祂表明，藉祂的教導、醫治、甚至使死人復活，新時代已經來到。但是，事情需要進入高潮，到達明確的一點。人們從未完全明白祂是誰此一基本真理。

他們不會明白，神不會用暴力和武力帶來新秩序。神帶來新時代，靠的是忍耐、謙和、受苦的僕人。

耶穌要帶著祂的信息，握著祂的生命，去到京城耶路撒冷。在極具戲劇性的衝突中，在以色列最神聖之地、最神聖的節期、最多猶太人參加的崇拜聚會中，耶穌要講出最後的話。

人們還未完全明白，便湧出去迎接祂。他們知道神要帶來新時代。耶穌，彰顯神蹟者、偉大的先知，祂來了。這必然表示，彌賽亞時代正要來到。應有的回應只可能是唱頌彌賽亞的經文：「奉主名來的是應當稱頌的！高高在上和撒那！」

成功主義的問題

我們要從棕枝主日汲取的一個教訓是：小心成功主義！這個詞語很有用，如果我們希望明白甚麼叫做在信仰掙扎中得勝。這個詞語可以指一種在世界或教會中所找到的帝國主義心態。它漸漸帶有恃強自大的意思。對基督徒來說，它有時是出自無知，不明白神使用能力的方式。有時，它是刻意拒絕接受神使用能力的方式。我們的教堂可以擺滿十字架，身上也可以掛著十字架，又唱著有關十字架的煽情歌曲，卻仍未掌握十字架的意思。基督徒要得到勝利，總是透過具救贖性的受苦。我們今生今世絕不會得到完全勝利。只要有一個人未出席神的筵席，我們都絕不會有自由去安撫因憐憫而感到傷痛的心。我們不能因敵人倒下便幸災樂禍，儘管有時我們必須抵擋那些要起來毀滅我們的強大敵人。

兩位殉道者——作門徒的代價高

我相信，在大齋期想念肖似基督、為信仰付上最終代價的人是合宜的。我即時想到的，是兩位在納粹成功主義下受害的殉道者：一位是羅馬天主教神父，名叫戴樸（Father Delp）的耶穌會會士；一位是信義宗牧師和神學家，著名的潘霍華（Dietrich Bonhoeffer）。兩人都在一九四五年，即納粹倒台前夕逝世。

一九四三年，戴樸神父加入了克萊索團（Kreisau Circle）。這個反納粹組織相信，神要結束納粹的邪惡統治，德國基督徒因而要作好準備，按照基督教原則來重建國家。戴樸神父得到莫特奇伯爵（Count von Moltke）的邀請和長上的批准，祕密地進行這方面的討論。成為這個討論小組的一員，在納粹黨眼中，就是賣國。這種討論也暗示，優等民族、千年國度等納粹神話不真不實。

進行審訊只是一場戲，由這方面的專家負責導演。整個審訊在一班惟命是從的陪審員和由祕密警察及蓋世太保組成的公眾見證下進行，氣氛既誇張又傲慢。控方嘗試以密謀暗殺希特拉的罪名控告戴樸神父。但是，這個指控極其荒謬，被迫撤回。罪名最後定為宣傳反納粹異端。戴樸神父被指存有惡意「進行再基督化的意圖」。在最後一封寫給弟兄們、耶穌會同工們的信中，戴樸神父這樣說：

> 判決是死刑。在這充滿敵意和仇恨的氣氛中，上訴是沒有可能成功的……我被定罪的實際原因是，我是一個耶穌會會士，也堅持這個身分……判決與公正無關——只不過是要落實進行毀滅的決心……我請你們獻上代禱！我會盡最大努力，在那邊，從後趕上，因為地上還有很多未做的事情。（Mary Frances Coady, *With Bound Hands: A Jesuit in Nazi Germany. The Life and Selected Prison Letter of Alfred Delp* [Chicago, IL: Loyola Press, 2003], 171.）

相比戴樸神父，潘霍華有更多人認識。他出身德國貴族，有著國際連繫。英國聖公會主教貝爾是他的好朋友，將他介紹給英語世界，又幫助他投入不同的合一計劃。潘霍華有機會到美國紐約市協和神學院做一年研究工作。他的英國和美國朋友擔心他的人身安全，嘗試幫助他逃出納粹德國。

潘霍華想過留在美國，最後卻覺得神要他返回自己的家鄉，在那裏服事他的同胞。他認同德國認信教會的立場，與屈從希特拉的要求、出賣心靈的國家教會信義宗劃清界綫。在決定該怎樣在這個小小的先知教會中服事神時，他回應呼召，到一間新成立的神學院教書。在那裏，他寫成一些最有名的作品，即《團契生活》（*Life Together*）和《跟隨基督》（*Cost of Discipleship*）。

在《跟隨基督》這部經典作品中，潘霍華對登山寶訓進行了分析。他的分析迫使他採取一個被動立場。耶穌的指示很清楚：要愛仇敵，要轉臉由他打，不以惡報惡。潘霍華鑄造了一句今天時有聽聞的話：廉價恩典。他心裏想著的，是成千上萬的德國人受洗加入基督教教會，由馬丁．路德創立經過改革和潔淨的教會。納粹心態如此邪惡，因何可以完全控制受過基督教洗禮的人？這是因為教會獻出了神的恩典，卻沒有要求人有痛悔的心。

之後，潘霍華認識了一班計劃剷除希特拉的人。潘霍華的家族與一個名叫「防衛」的精英組織有聯繫。他在痛苦中脱離被動立場。大家正努力剷除希特拉，坐視不理似乎說不過去，是鴕鳥政策。試圖剷除希特拉的勇者聲稱他太敬虔，不可能牽涉其中。

後來，「防衛」的首領被拘捕。因為潘霍華認識他，因而受到牽連，同樣被捕。他在獄中兩年，寫了一些出色的作品。在倖存者的記憶中，潘霍華性格溫柔，信心堅定又關心別人。一九四五年四月九日，潘霍華被處以絞刑。

約拿——自願犧牲

潘霍華不單寫了一些極有分量的神學作品，還寫了一些詩。其中一首談到約拿，我個人覺得很有意思。他沒有講述約拿被大魚吞吃或者得救；他沒有提及約拿不願傳播福音，也沒有談到古老軍事帝國亞述的歸皈。詩的重點在於約拿要求水手把他拋進海裏，好使船上各人可以得救。約拿恍似基督，自願犧牲，以一人之身為其他人的好處獻上自己。也許，潘霍華認為，自己即將步入死亡，也是為要使別人得救。請聽聽這首詩：

死亡猖狂　世人慌張
攬纜不放　求免淪亡
呆視怒海　船搖浪撞
……
約拿認罪　自我流放
我負罪疚　主怒我當
犧牲小我　海裏隱藏
義人不該　與犯同葬
各人震動　生志未忘
罪人墮海　平風靜浪
（參 Dietrich Bonhoeffer, *Letters and Papers From Prisons* [New York: Collier, 1971], 398。）

兩個偉大的心靈，戴樸神父和潘霍華博士，起來挑戰納粹神話和瘋顛背後的成功主義。他們沒有宣講廉價恩典的福音。在棕枝主日，讓我們高唱「高高在上和撒那！那奉主名來的是應當稱頌的」，但要計算清楚代價並背起祂的十字架！

禱告

主啊，我們經常缺乏忍耐，
不願意長期承擔艱難的工作。
求祢赦免，假若我們沒有計算作門徒的代價，
避難取易！
求祢赦免，假若我們傳達基督信仰，
只講福樂，不講犧牲！

主啊，不論順逆，祢都守信。
求祢幫助我們效忠祢和祢的教會，
直到人類歷史的終結，進入祢永恒的國度！

阿們。

思考問題

❶ 早期教會發現舊約撒迦利亞書的預言與棕枝主日有甚麼關連？

❷ 約翰福音發現棕枝主日與拉撒路的復活有甚麼關連？

❸ 約拿的故事通常強調先知頑梗，不肯信從上主。潘霍華怎樣帶出約拿故事的積極一面？

❹ 基督徒若急於爭取勝利，可能忽略個人、教會或者國家的問題。安全、成功的教會在聲稱取得偉大勝利和成功之前，需要正視哪些問題？

與信從扭鬥：
主復活帶給教會的信息

17
放手
執著的馬利亞和多疑的多馬
經文：約翰福音二十章 11 至 29 節

復活主帶來的信息

我們探究復活基督向抹大拉的馬利亞和使徒多馬顯現的記載，就會獲得寶貴的功課。這兩個故事同時說明一個真理。我們先來看看約翰福音二十章怎樣交代有關片段。

約翰福音二十章可以分成幾個部分。首先，馬利亞發現耶穌的墓穴空空如也，便跑去把這事告訴彼得和一個蒙愛卻不知名的門徒。對彼得來說，這是個奧祕。之後，耶穌向馬利亞顯現，呼喚她的名字，喚醒了她的信心。接著，耶穌向眾門徒顯現，又賜給他們福音的能力。使徒的宣講可以帶來罪的赦免和新的生命。

聖經又告訴我們，不在場的多馬表明，他不會相信主已復活，除非他見過主身上的傷痕。一個禮拜之後，耶穌又再顯現，並邀請多馬摸祂肋旁的傷口。多馬的信心得到喚醒。然後，聖經告訴我們，福氣要臨到那些未曾見過耶穌的傷口便信福音的人。

抹大拉的馬利亞

有一件事很有趣：在教會歷史裏頭，抹大拉的馬利亞是個非常受歡迎的聖人。人人都知道她是個蒙赦免的妓女或者壞女人。聖經卻不是這樣說。到底中間發生了甚麼事？聖經裏頭有好幾個馬利亞。學者很早便開始將幾段與馬利亞有關的經文（只要經文中提及名為馬利亞的人或他們認為應該是馬利亞的無名女子）結合在一起。

到了六世紀末葉，一位有學問的教宗講了一篇很有名的道，說抹大拉的馬利亞就是約翰福音八章所提到那個在行淫時被捉拿的女人。經文並沒有提出這個女人的名字，民間傳統卻開始將有關耶穌身邊那個女人的經文連結起來。

許多人都看過《達文西密碼》（*The DaVinci Code*）這齣電影。它提出馬利亞是耶穌妻子的說法。這個惹人聯想的故事是根據早期世紀的傳說發展出來的。根據這個說法，馬利亞有了耶穌的孩子。他們搬到法國南部居住，他們的後裔成了古代法國的君王。這個故事的真相一直由一個神祕社團保存下來。

昔日和今日都有人捏造故事，我們該怎樣看待這些故事呢？我建議大家追隨教會的決定：尊崇四個正典福音，即是馬太、馬可、路加和約翰的福音。我們知道世上有馬利亞的福音和多馬的福音。但是，這些都未被視為可靠的經書。拒絕接受四卷正典福音書以外的作品是有合理原因的：這些作品不是未能接受耶穌是十足的人，就是把祂看成純粹是人。

聖經論抹大拉的馬利亞

我們對抹大拉的馬利亞有甚麼認識呢？馬可福音十六章 9 節告訴我們，耶穌從她身上趕出了七隻一直困擾她的鬼。路加福音八章 2 節告訴我們，她與其他婦女一直陪伴和服事耶穌。這表示，她有經濟能力和時間來幫助耶穌和祂的門徒四出活動。四卷福音書都說，抹大拉的馬利亞與耶穌的母親馬利亞一同站在十字架下。大部分門徒都因害怕躲藏起來。根據記載，她是第一個見證基督復活的人。

所以，聖經四段意義富豐的經文，展示了馬利亞不同的面貌。在馬可福音十六章，她是個得醫治的女人，有鬼從她的心中被趕走。在路加福音八章，她是個服事耶穌和門徒的人。在約翰福音十九章，她站在十字架下，與耶穌的母親一同哀傷。在約翰福音二十章，她進到空洞的墓穴，後來與復活的基督交談。

重溫約翰福音二十章——耶穌向馬利亞顯現

讓我們特別仔細看看約翰福音二十章。馬利亞進到耶穌的墓穴，發現裏頭空空如也。她跑去通知彼得和一個不知名的門徒，說有人搬走了耶穌的身體。馬利亞與眾門徒回到墓地。他們還未完全明白當中發生的事。馬利亞站在墳墓外面哭。她望向墓穴，看見裏頭有兩位天使。他們問她為甚麼哭。她回答說，耶穌的身體給人搬走了，不知道如今在哪裏。

然後，她轉過身來，見耶穌站在旁邊。她沒有認出祂。祂問她為甚麼哭。馬利亞以為祂是園丁，便對園丁說：「如果你知道耶穌的身體現今在哪裏，請你告訴我。」這時，耶穌呼喚馬利亞的名字。馬利亞這才認出耶穌，便回應說：「拉波尼，我的老師！」她想摸耶穌，耶穌卻禁止她這樣做。耶穌對她說，祂必須上升到父那裏。她不能按舊日的方式與祂接觸。她必須放手，必須以新的方式認識祂的能力。

多馬

多馬，與抹大拉的馬利亞一樣，是許多極富色彩、聖經以外的傳統所講論的主角。我們在使徒行傳找到一些講述眾門徒生平事迹的故事。但是，當中沒有提到多馬。根據傳統，多馬先在古巴比倫，後在波斯講道，帶領了多人歸信基督。之後，在公元五十二年，他乘船南下到印度西岸的馬拉巴。在那裏建立了一間教會，贏得了許多最高種性（caste）的婆羅門的心。在十七世紀早期，葡萄牙人登陸印度，在那裏建立聚居點。他們遇到一班自稱屬於多馬教會的基督徒。他們聲稱他們是多個世紀前多馬講道所結的果子。其他傳統談到，多馬繼續前行，到了印度東岸，期間不斷講道。他在公元七十二年在馬德拉斯附近遭到殺害。他被丟進坑中，被婆羅門的矛槍刺死。

極富想像力的早期基督徒用色彩豐富的故事來補聖經記載的空白之處。也許，其中有一定歷史依據，但大部分人認為，它們都是宗教想像的產物，透過將勇敢的殉道聖人和勇敢殉道的主耶穌連結起來，給人帶來一點安慰和喜樂。這些故事很有趣，但我們肯定要站穩在千百年來經過考驗仍然屹立不倒的聖經之上。

聖經論多馬

下面要看三段有關多馬的經文。在約翰福音十一章16節，多馬與其他門徒談到耶穌計劃返回猶大地的決定。拉撒路死了，他的兩個姊姊馬利亞和馬大需要安慰，耶穌要去安慰這個哀傷的家庭。眾門徒擔心自己的安危，但多馬說：「我們也去和他同死吧。」我們常說多馬多疑，我們必須同時看見，他也有忠誠和勇敢、冒死隨主的一面。

在約翰福音十四章5節，多馬回應耶穌的話。耶穌告訴門徒說，祂去，是為大家預備地方，因為在祂父的家裏，有許多住處。耶穌說，他們知道怎樣去到祂要去的地方。多馬說：「主啊，我們不知道你往哪裏去，怎麼知道那條路呢？」這話讓耶穌有機會再作教導。耶穌回答說，祂就是道路、真理和生命。祂又應許聖靈的能力將是那道路，讓基督繼續與世界同在。

在約翰福音二十章，我們有大家所熟知關於多疑的多馬的故事。耶穌在多馬不在的時候，向眾門徒顯現。他們告訴多馬，說他們見過復活主，他表明不信。多馬說，他要把手指探入耶穌的傷口才信。一個禮拜之後，耶穌又再顯現。祂用「平安」或者 *shalom* 一詞向各人問好。祂請多馬伸出手摸祂的肋旁，並請他不要再疑惑，乃要相信。我們不知道多馬有沒有摸耶穌的肋旁。但我們知道，他信。

多馬是第一個完全承認他的老師是主又是神的人。眾門徒知道他們的老師是個偉大的先知。彼得曾經宣稱耶穌是基督、是永生神的兒子、是彌賽亞。但是，真光繼續突破黑暗，並且愈照愈明。這個得神完全充滿的人就是神。祂不單教人怎樣上到天堂，還與我們同走，帶我們進入天堂。祂是道路。祂不單教導真理，祂的生命、話語和作為就是真理。祂不單講論生命，祂的同在就是生命的喜樂和意義、生的氣息。

兩個故事的意義

馬利亞和多馬都愛主耶穌，同樣受教和得神使用。他們不會執著過往不放。兩人都認識成為肉身的基督耶穌，兩人都要學會以新的方式來認識他們的主。主不許馬利亞摸祂，多馬卻得到邀請去摸主。但是，兩人都必須學會活著不靠肉身接觸。兩人都必須學會放開過往，迎接未來。

放開過往，迎接未來！這個真理可以落實到好幾種關係上面。讓我以個人為例分享三個例子。首先，要放開兒女；其次，要放開父母；最後，要放開心愛的系統——在我來說，就是心愛的宗派。

放開兒女。內子和我結婚九年，才決定要孩子。不用多說，我們已準備好迎接養兒育女的歡欣和責任。但是，到了時候，我們便要放開他們，以新的方式成為他們生命的一部分，雖不常在身邊卻仍然實在和重要。還記得那一日，帶著女兒上大學，放手讓她離開我們，目送她走過校園到她的宿舍！

她不會再在家中與我們一同吃飯，不會再在家中睡覺、看電視，不會一同外出旅遊。她會認識新的朋友，進入一個新的世界。我們要學會以新的方式來與她來往。她會來看望我們，與我們聯絡。現今，她是位成熟的朋友，很多時候還是我們的老師。有時，她會扮演父母的角色，給我們意見，讓我們認識她為爭取人權而奮鬥的視像和工作。我們的兒子留在家中的時間較長，但最終還是要讓他走。我們在他身上看見父母培育的質素在他的新世界中發揮出來。

放開父母。內子和我在一九七二年奉派作宣教士，我們知道要放開我們的家人。內子的父母好幾年前已經離世，但她仍有兄弟姊妹、堂兄弟姊妹和教會朋友，其中許多都是非要好，比親人更親的人。那時，我還有父母和祖父母在堂。要離開我所愛的祖母實在十分困難。她說，她不會再有機會看見我。我笑說，不要過分悲觀。結果，在我離家幾個月之後，她便安息了。我的父母在辦完安息禮拜以後才讓我知道，他們認為我回家也沒有意思。這事帶給我極大的痛苦！

更難捨的是一九九八年父親的離世。他死之前，約有十年時間，受了很多的苦：只有一條腿，又試過心臟病發。母親幾乎每時每刻都陪伴在側。他死之前幾年，我以為他快要離世，便回家探望他。他支付我的旅費，餘下的錢足夠我到意大利旅遊。我便到了亞西西，去看我最喜愛的聖人法蘭西斯居住的地方。在法蘭西斯的墓前，我為地上的父親流淚，在情感上卻讓他離開。

我的父親在死前重新奉獻自己給基督，但他是個絕少談及自己的人。在離開之前，我問他可以不可以最後一次一同禱告。我用油膏他的額頭，親他的臉，然後獻上一個交託的禱告。我們準備好讓在地上的父親離去，在疲乏的身軀用完最後一點力氣的時候。我們準備好迎接在新的國度裏得享新生的日子。

放開舊日的支持系統。內子和我在一九七二年奉派作美國南方浸信會的宣教士，一直工作至一九九二年。我們的宗派為落實差會的視像，慷慨解囊，奉獻犧牲，我們以此為榮。多年來，我們都深受感動，慷慨奉獻，支持一年一度的慕拉弟聖誕奉獻。慕拉弟（Lottie Moon）是早期到中國宣教的浸信會宣教士，是我們所心愛的。她的故事激勵了無數浸信會青年回應呼召，投入宣教工作。

可惜，公開的論戰對許多我們這些宣教士造成了不少困擾。一次極度保守的反擊改變了聯會的政策和要求。許多我所愛的神學院教授、品格高尚的基督徒學者和朋友，被替換了。許多同為宣教士的人覺得無法在新的條件和管治下有所發揮。一九九二年，內子和我向我們的差會請辭，我感到孤獨淒涼。我要學習放開一個一直在支持我的基督徒系統。我要找一個可以提供培育的教會或者組織，一個體現我心目中最合宜作基督徒和浸信會人的地方。

可幸的是，美國的浸信會是個龐大的組織，我們有好幾個浸信會家庭，各有特色和強項。在阿拉巴馬的伯明翰，我們找到一間浸信會，一個極其勇敢和包容的浸信會羣體。在充滿暴力的民權運動期間，這間教會為抗議教會將人分隔而成立。我們決意開放大門，歡迎所有願意承認相信基督的人。這間教會繼續開放大門，接納許多被基要羣體排斥的人。

一九九二年，我離開香港。當時，沒有想過會再次踏足此地。這是一段難過的日子！到一九九八年，香港的華人浸信會邀請我回來，擔任香港浸信會神學院的舊約教授。我放開了一個現已變得站不住腳的舊有系統。今日我有機會以新的方式重新認識基督徒的生活。哈利路亞。

禱告

主啊，祢用不同方式來讓我們認識和掌握祢的真實！
感謝祢，藉祢所使用、熱心關顧的人，與我們同在！
感謝祢，藉宗教禮儀和教義，與我們同在！
感謝祢，藉熟識和可靠的機構，與我們同在！

主啊，祢不會受限制，也不會被困住，
卻提醒我們小心偶像崇拜。
求祢拯救我們，不要把祢的恩賜和祢混為一談！
求祢拯救我們，不要用我們的議程取代祢的旨意！
求祢拯救我們，不要把絕對的盼望和愛放在人身上！

主啊，我們要憑信與祢同行！
來啊，用過往熟識的方式！
來啊，用新的、未曾有過的方式！
來啊，按祢心意！獨立自主的生命之主！

阿們。

思考問題

❶ 要放開一個熟識的地方和工作，為要探索一個新的地方或者工作是難的，是嗎？是甚麼幫助你成功放開呢？

❷ 要在情感上放開你的兒女，使他們可以有足夠自由發展成為成年人是難的，是嗎？是甚麼幫助你成功放開呢？

❸ 要在情感上放開年老、終要安息的父母是難的，是嗎？是甚麼幫助你成功放開呢？

❹ 當你發現自己的思想太過簡單或者太過自私，想要放開你心中一些關乎神的概念是難的，是嗎？是甚麼幫助你成功放開呢？

❺ 甚麼是你不會放開的？甚麼是你可以放開的？幫助你作出決定的又是甚麼？

18
在分餅和道中發現基督
以馬忤斯的門徒

經文：路加福音二十四章1至53節

四卷福音書四種基督差派門徒的聲音

四卷福音書各具不同特色和重點。我們站在有利位置，即是，可從四個不同角度聆聽同一個福音，猶如觀賞一顆珍貴鑽石的不同割切面。我們要探討四卷福音書最後怎樣交代基督差派他的門徒。作為好門徒，我們該怎樣延續耶穌基督的工作，該怎樣繼續成為道的肉身，為賜人生命的真理作有血有肉的見證？

馬可福音節奏明快，行動鮮明，它有兩個結尾。最古老的抄本以婦女們來到空墳墓作結。她們聽聞耶穌已經復活和將在加利利向門徒顯現的好消息。她們驚惶失措。我們的聖經採用了較長的結尾。基督差派祂的門徒去傳福音給整個創造。那些相信的人會有神奇力量保護他們；那些宣講的人也會得著神奇力量。

馬太福音將基督耶穌描繪成為新摩西，祂帶來一部重新得力和已經圓滿的舊約。舊約再次得到更新。舊約的焦點是主耶穌，祂是一切啟示的核心。摩西的律法分成五個部分，馬太福音書也有五大講論。摩西最後總結他的教訓，然後差派他的百姓，基督耶穌也同樣差派祂的門徒。

這些福音書基本上都是為了教導而寫，為要呼喚人對神有活的信仰，成為門徒。基督徒一直十分關注大任命：「你們要去，使萬民作我的門徒，奉父、子、聖靈的名給他們施浸。凡我所吩咐你們的，都教訓他們遵守……」（太二十八 19～20）

約翰繪畫了一幅復活耶穌在湖邊向祂的門徒顯現的美麗圖畫。在書中最後一章，耶穌為門徒預備早餐，問彼得是否愛祂，又差派彼得去餵養祂的羊，即那些將來認耶穌為主的門徒。我們都有分分擔這個工作：餵養羣羊，培育信徒。

路加論兩位以馬忤斯門徒和復活耶穌

路加寫下一個特別的故事，講到兩個來自以馬忤斯的門徒以特別的方式與耶穌相遇。馬可用兩句説話來交代這個事件，路加卻交代了一個完整的故事。我們值得重溫這個故事，看看它與整卷路加福音書和接著來的使徒行傳有何關係。

復活主日是忙碌的日子。根據路加福音二十三章的記載，亞利馬太的約瑟在禮拜五，取下耶穌的身體，把它埋葬在一個新的墓穴。因為安息日或者禮拜六即將來臨，來不及用香料保存耶穌的身體。安息日過後，即禮拜日，婦女們來到墳墓，想要用香料膏耶穌的身體。她們發現墓穴空空如也，有兩個人來問她們安，然後解釋說，人子必須交給死亡，然後復活。

她們衝去告訴門徒，他們與婦女們一樣，需要特別光照才能明白。要相信和認識福音，須有屬靈覺醒。一個新的世界將會在那些願意聆聽、願意改變、願意靠神來界說現實的人眼前展開。有趣的是，聖經說，有人看見了復活的基督還是不相信。他們總能找到其他解釋：也許，他們見到的是幽靈；也許，他們有幻覺；也許，是他們的極度絕望而投射出來的影像。

是甚麼使人堅定相信主耶穌已經復活？根據路加福音的記載，研究聖經加上崇拜和禱告，還有一同分餅的羣體生活是基本的。兩個門徒走向以馬忤斯的故事肯定支持這個說法。

在復活主日，日出之前，兩個門徒要回家。他們走向離耶路撒冷七里的以馬忤斯。耶穌與他們同走，很快他們便開始交談。他們未有認出耶穌，卻驚訝這個同路人好像並不知悉耶穌被釘十架並且死而復活的驚人消息。

這兩個門徒對基督耶穌的使命只有片面的理解。他們視耶穌為先知、神有力的代言人。耶穌被百姓的領袖棄絕，置諸死地。耶穌的死令人極其難過，因為祂是以色列得釋放的希望。婦女們回報，說基督活了；他們卻不清楚該怎樣理解這個消息。

耶穌按著他們有限的認識，接續講下去。祂解釋說，這位偉大的先知就是彌賽亞。祂要忍受苦難，然後進入榮耀。古舊的經卷，即摩西和先知的書，都指向這個將來的盼望。

耶穌獲得兩位門徒邀請，要祂住下來，因為時候已經晚了。當祂坐下來與他們一同吃飯的時候，很奇怪，祂採取主動，反客為主，拿起餅，祝謝了，擘開。就在這個時候，門徒的眼睛開了。他們知道，眼前人就是主。這位耶穌可以與朋友交談和擘餅，卻又不單是有血有肉的人。忽然，耶穌不見了。當兩個門徒回到耶路撒冷，向人解釋他們與耶穌相遇的事時，耶穌將會再次突然出現。

門徒說：「在路上，他和我們說話，給我們講解聖經的時候，我們的心豈不是火熱的嗎？」（路二十四 32）路加的編輯加上一句：「到了坐席的時候，耶穌拿起餅來，祝謝了，擘開，遞給他們。他們的眼睛明亮了，這才認出他來。」（二十四 30～31）門徒對復活的信心得到覺醒；他們如今可以服事一位活著的主。他們的信心來自擘餅和探討經卷。

基督藉研究經卷現身

我想大家都注意到三件事情。路加福音和使徒行傳處理這三件事的手法很有特色。第一，復活主藉探究經卷現身，顯明基督是救主和主。第二，復活主在門徒一同分餅和分享資源時現身。第三，復活主永遠親自背負與門徒一起的人類經驗；祂永遠熟悉我們的基本需要，諸如飢餓和痛苦，祂是一位滿有體諒的救主。

論到第一件事，我們在使徒行傳看見，眾門徒遵行我們在路加福音所讀到的話。他們回到耶路撒冷，用許多時候在殿中、在禱告中，等候聖靈帶著大能力降臨。他們親自承擔宣講聖經和分享資源的服事。及至聖靈降臨在他們身上，他們便完成裝備，有動力用物質的餅和屬靈的餅餵養門徒。

在五旬節期間，聖靈戲劇性地傾倒在眾人身上。超過三千人受到感動，相信基督。福音傳播者的講道以聖經為本。使徒行傳二章記載了有名的彼得講章，七章又有著名的司提反講章。他們回顧舊約歷史，指出基督圓滿了舊約。就如耶穌教導以馬忤斯的門徒一樣，他們打開舊約，指出舊約怎樣在基督裏得到圓滿。

基督藉分餅現身

至於第二件事，聖經告訴我們，早期教會的使徒們和執事們用物質的餅和屬靈的餅餵飽百姓。這些早期基督徒獻出自己的財產，與整個教會分享屬世的資源。在使徒行傳六章，我們看見教會揀選七位執事，幫助照顧物質缺乏的寡婦，她們需要相對富有的弟兄姊妹伸出援手。就如耶穌把餅分與兩位以馬忤斯的門徒一樣，早期教會分享他們的資源，從而體會基督藉這種生活與人同在。

極其重視聖餐禮儀的學者們熱愛兩個以馬忤斯門徒的故事。因為浸信會信徒對聖禮神學有所保留，我們通常淡化以馬忤斯門徒與聖餐的關連。事實上，我們甚少使用聖餐禮或者祝謝禮等詞語。我們愛說「主餐」。我們著重教導大家明白，這不是一個神奇的餐，當中也沒有神奇力量。基督活在我們心中，不是在餅裏頭。

不過，我想，當中實有餘地，讓我們繼續探討在分餅的經驗中，包括主餐，發現基督的可能性。當我們領受主餐的時候，我們是與整個教會家庭一同領受。我們記念神為愛我們，供應我們的基本需要，付出了極高的代價。我們清楚明白，我們都是討飯的，一同從一個源頭，即是神那裏，汲取滋養。

這段經文就如其他許多經文一樣，可以落實在生活的不同範疇中。就如使徒行傳延續路加福音的故事和工作，我們也是使徒行傳的延續，是復活主生命的延續。我們專心一意探討經卷，伴以禱告和崇拜，以基督為神同在、神能力的具體表現。我們專心一意互相關顧和關顧人類家庭。只要有門徒聽從基督的吩咐，便不會有神的兒女感到飢餓或者不認識福音。

屬天的主認識人的需要

我還想強調第三點。我們與主耶穌相關，並不是與幽靈相連，這相連也不限於屬地的制約。在路加福音二十四章 39 至 40 節，耶穌向門徒展示祂那雙被刺穿的手和腳，並吃了一片魚。我們怎樣理解這類經文呢？儘管主耶穌如今沒有用與十二門徒同在的方式與我們同在，在祂裏頭仍然保留作為人類弟兄的各種經驗。我們向基督耶穌祈禱的時候，我們是向那深切認識我們人類各種經驗的主祈禱。我們因為飢餓、受傷、孤單、被拒而呼喊，祂明白，因為祂也親身經驗過。

因何有四卷福音書？我們知道在最初兩個世紀，有許多福音書在流傳。最終教會只接納這四卷福音書，並且一致認定一大重點：神的兒子耶穌，肯定就是作馬利亞的兒子和人類弟兄的耶穌。至於其他福音書，有些不能接受耶穌是完全的人，有些則無法接受祂是完全的神。

但是，我們的聖經根基是耶穌乃神的兒子和凡人馬利亞的兒子。儘管我們相信我們在地上的弟兄耶穌已經回到父那裏，我們並不是崇拜幽靈或者幽靈似的意念。我們的基督永遠懷有圓滿的人類經驗。復活的耶穌請門徒看看祂一雙被刺穿的手和腳。祂也請我們看看祂那雙被刺穿的手和腳。我們有一位能夠體諒的救主，祂餵養我們，呼喚我們探討經卷和啟示。祂又差派我們繼續祂的服事。主啊，願祢的旨意成全！阿們。

禱告

主啊，祢豐豐富富地用餅餵養我們的身體和心靈。
求祢帶領我們養育其他人，就如祢養育我們一樣！

感謝祢，因為經卷使思想和信心實在！
感謝祢，因為與人相交使真理得到確立！

求祢教我們禱告：
「我們日用的飲食，今日賜給我們！」
求祢教我們去看：祢在主餐桌前與我們同在！
哈利路亞，恩主，感謝祢！

阿們。

思考問題

1. 在與人一同研讀聖經時，你曾否得到新的和更深的光照經歷呢？你有與神特別親近的經驗嗎？
2. 在與家人、朋友、教友一起吃飯時，你有過發現靈裏關係得到建立的經歷嗎？你有與神特別親近的經驗嗎？
3. 你看出耶穌是弟兄，嘗過人類各種缺乏，能體諒人的需要嗎？
4. 我們都渴慕得到愛和真理滋養。你有邀請其他人同享物質和屬靈的餅嗎？

19
大任命
偉大視像的挑戰
經文：馬太福音二十八章 16 至 20 節

特別的視像：大任命

此章要探討視像（vision）的問題。作為基督徒，我們有特別的世界觀、特別的著重點和價值觀。我們不會單單著眼於目前的情況。我們知道，我們有分參與建造一個永恆的國度。這個國度由基督耶穌統管，祂活在教會之中，又透過教會作工。

教會是基督的身體。我們為基督和祂的教會所做的事，在永恆中開花結果。我們是基督福音的見證人和工具。透過我們，復活主向所有人發出呼喚，邀請他們尋求永生，一種只有神能賜予的優質生命。

我們要想念基督在完成地上工作、返到父家前怎樣任命門徒。如今，基督藉在門徒生命中的聖靈來作工。如今，我們是祂的臉和手，聲音和代理人。

馬太福音二十八章的大任命

四卷福音，有四種聚焦大任命的方式。馬可強調宣講的命令，又談到神蹟要伴隨福音傳播者。路加強調基督圓滿舊約的盼望，又形容眾門徒怎樣等候聖靈降臨。約翰強調門徒的牧養工作；我們要餵養羊羣，作牧人照顧基督的家庭。

現在，我們要看看馬太福音二十八章的大任命。這是大部分基督徒都記得的經文，也是我們經常要孩童們背誦和用心緊記的經文。這段經文肯定是我早年所受的教育的一部分。當年的浸信教會經常引用這段經文來呼召宣教士。透過許多到新地區在新人羣中宣教的人宣講這段經文，我也領受了神的呼召。

在構思這一章的過程中，我們發現幾件早已忘記或先前未有看見的事。真有趣！古舊的聖經經文經常可以給我們帶來新的洞見。我怕，我把太多材料塞進這一章之中，所以，讓我交代其中重點。重點可以有許多，我會集中講三點。

首先，耶穌有如新摩西。祂呼召我們聚集在祂的教導和吩咐之下。事實上，我們蒙召，基本上是從事教導工作；我們要使萬國成為門徒，呼召人追隨耶穌的教訓。其次，我們要奉父、子、靈三一神的名和能力替信徒施浸。

第三，基督要與我們走過人類歷史，直到世代的盡頭。我們絕不會被棄，也不會被打敗。我們有分成全神藉基督達成的勝利目標。

（一）耶穌有如新摩西

真有意思！早期教會決定採納四卷福音書作為耶穌生平故事的權威版本。當時有不同福音書在流傳，諸如彼得福音、多馬福音、雅各福音、尼哥德慕福音等等。這些福音書很有可能不是早期門徒寫作的。但是，聖靈引領早期基督徒達成共識，認為這四卷福音書最接近最早期見證人的版本，也有基本相同的思想和精神。

我們有四卷福音書，四種聚焦一個基本福音的方式，因而更覺豐足。四卷福音書一致認為，耶穌基督是大衛的兒子、馬利亞的兒子、神的兒子。祂圓滿了舊約的盼望。祂是真實的人有真實的母親。祂也是獨特的，是神的兒子，神愛的圓滿。

大部分學者相信，馬可福音是第一卷寫成的福音書，並引證說，馬太和路加經常引用馬可的材料。當然，約翰有一大段奇妙奧祕的講話，談到耶穌與父神為一，有著特別的契合。既是這樣，何以馬太福音書總是排行第一呢？許多人相信，這是因為它是早期教會最喜愛的教本。它是訓練歸皈者和教導基本會友的最佳指南。

對猶太人來說，摩西是舊約巨人。研讀聖經頭五卷書，即所謂的摩西律法、摩西的書、妥拉或者基本教訓，是所有猶太教育的核心。談到摩西的律法，我們要小心。希伯來文稱之為「妥拉」，指的是由神而來、偉大的基本教訓、誡命和教誨故事。

猶太人漸漸相信，這五卷書藏有全備的智慧。神在西奈山上直接啟示摩西。祂賜下成為神聖國民的藍圖，使百姓將生活每個舉動都歸神為聖。其中有基本道德指引，教人過成聖的生活。我們基督徒仍然高度重視和關注十誡。

學者們發現，馬太福音分成五個部分，與妥拉分成五卷書相似。在聖山之上，根據出埃及記十九章的說法，神啟示自己，賜下生活指引。耶穌在山上，按照馬太福音五至七章的記載，賜給我們寶貴的山上寶訓，生活的基本態度。在各各他山，耶穌為我們的罪捨命。在加利利的山上，根據馬太福音二十八章的記載，耶穌最後一次向門徒顯現，給他們指示，好繼續祂的使命和工作。

我們這些基督徒，在探討主耶穌這個最後任命時，何以需要提到耶穌是新摩西？我們這樣做，是不忘本。猶太人帶給我們啟示：世上只有一位真神。祂神聖，又慈愛。祂召出一羣特別的百姓，好體現祂的恩典，賜福世界。祂召出眾先知，好宣告祂的審判和憐憫。有人為我們做好準備，使我們認識基督耶穌。

基督體現了和圓滿了神在舊約中表達的目的。祂圓滿了舊的啟示，帶來新的生命、祂那獨特的生命、滿有能力的救贖生命。祂使我們與過去和永恆連在一起。祂建基於過往的優美傳統，給我們帶來新的心思和能力。因為得到這位賜生命的救主和老師改造，我們有能力作好門徒，再進入世界，使其他人作門徒。

(二)蒙召奉三一神之名施浸

三一教義令許多人感到困擾，不知道怎樣說明其中意義。一加一加一怎會等如一呢？基督徒崇拜一位神還是三位神呢？如果你尋找的是一個數學模型，你會遇上困難。我相信，要理解神怎樣三而一、一而三，有兩個方法：一個與神在歷史中的作為有關；一個與神的本性是愛有關。馬太福音書頗能代表第一個方法的模型；約翰福音書則代表第二個方法的模型。

如果我們從歷史啟示的角度來探究聖經，我們會發現舊約視神為父母。許多經文都以神為父，以賽亞書卻有一段經文談到神是母親。我喜歡說，父神有一顆母親的心。來到新約，基督徒相信他們看見神的圓滿傾注到子身上。父神有其面貌；耶穌將神的榮耀散發出來。當耶穌完成地上工作、返到父那裏之後，我們談論的是聖靈的扶助能力。先是神傾注到子基督之中。如今有父和子的能力，以新的方式傾注到聖靈之中。對我們來說，聖靈是基督耶穌在我們中間與人同在。

若論邏輯，神是永存的，因此我們認識神的模式也是永存的。但是，我們更意識到：神在舊約是父，神在新約是子，神在子復活以後是聖靈，但神是永存的。我們祈禱的時候，可以說：「我們親愛的天父」；又可以說：「主耶穌，請聽！」也可以說：「來啊，聖靈，請安慰和光照我！」

我們可以探究三一真神，藉此認識神是愛的本性。假如神是愛，愛者和蒙愛者都是不能少的。愛，又要求愛者與蒙愛者聯合。神是永存的，所以，愛者和蒙愛者必定在創造世界之先，已經存在於神性裏頭。我們有一些經文幫助我們明白，神最終使世界成為與子和靈合營的工作。

論到三一思想，約翰福音最是精彩的。父渴望榮耀子。子又渴望尊崇和榮耀父。聖靈又渴望使我們推崇耶穌的工作和目的。三一真神裏頭沒有絲毫自私，沒有爭權的慾望或者暴力。

神是一個愛的團契。在神裏頭，不同形態會流動，會融合。我們不叫人崇拜一位抽象的神，就如一些希臘哲學家所講的純思想。我們不叫人崇拜一位擁有絕對權力、只顧自己的獨裁者。我們叫人活在愛的團契中。我們採用的語言，即所謂的愛的家庭，不是空談。說神的本性是愛，就是說，神的本性不斷從內向外湧流，尋求建立連結。

（三）應許永不丟棄人

我們蒙召承擔一項令人肅然起敬的任務，即繼續主耶穌的工作。我們要使萬國成為門徒，絕對不能剝奪任何人聽聞福音的機會，乃要使人人都知道他們可以脱離有罪的過往和失敗。他們是可愛的，也可以得著能力活出有意義的生活，有尊嚴又有榮耀。他們也可以擺脱對死亡和空虛的恐懼。

基本上，我們蒙召從事教導工作：凡基督耶穌教導我們的，都要講解明白。我們從祂的比喻、語錄、吩咐、行動汲取教訓。祂告訴我們，基本的誡命是全心愛神，又要愛人和愛自己。祂又用比喻和行動示範怎樣去愛，甚至愛仇敵。

我們使人作門徒，使他們受浸加入愛的團契。愛的神渴望與祂的創造連結。祂定下的目的必會達成，哪怕要付出巨大的代價。耶穌在十字架上喊叫，父同時感到痛苦。為了得回和愛祂的創造，父情願忍受終極的痛苦。

最終來說，地上的權勢絕對不能勝過神的目的。神會透過基督呼喚我們作祂的門徒，成為愛的國民。祂要繼續作工，直到世界和人類時間的盡頭。我們積極回應主耶穌的呼召，便會得到永遠與神同在的生命。哈利路亞。阿們。

禱告

主啊，祢呼召我們作老師。
願我們分享祢的比喻，傳講審判和恩典！

祢又呼召我們作宣教士。
求祢揭露和去除所有偏見和狹隘的忠誠！
求祢廣開我們的心思和意念，
好祝福新的弟兄姊妹！
求祢廣開我們的心思和意念，
好得著他們的祝福！

阿們。

思考問題

1. 耶穌有哪些地方好像一位新的摩西？
2. 三一教義可以怎樣幫助説明神是愛？
3. 宣教工作是否專職宣教士才能做的工作？在哪些方面，你也可以説是一位宣教士？
4. 耶穌呼召我們教導別人。可否分享好撒馬利人（路十章）和浪子及自義的兒子（路十五章）這兩個著名的耶穌比喻的內容及教導？
5. 論到耶穌最基本的教訓，我們有登山寶訓（太五～七章）。祂對禱告、禁食、如何看待敵人、財寶等事情的教導，你可有認識？

總結

20
與作出最大犧牲扭鬥

經文：創世記二十二章 1 至 19 節

你一生最愛的是甚麼？

你一生最愛的是甚麼？為了你心目中最偉大的目標或者最偉大的愛，你願意作出多少犧牲？聽到人為崇高理想或者目標犧牲一切的故事，我們都會深受感動。許多將士奉召為國家犧牲性命。許多父母為兒女的福祉作出重大犧牲。許多配偶因為所愛的人患病，瀕臨死亡，甘心獻出一切所有。

生而為人是光彩的，部分是因為人能夠為愛甘心作出犧牲。這是喜樂也是痛苦的源頭。人若為卑賤的人或者目標犧牲生命，這是可悲的。在上個世紀，我們記得：有人崇拜卑賤的神祇，結果做出可怕的事。納粹黨人以他們是超級民族、應當一統天下的神話，替代福音。日本人崇拜日皇和他們應當統治世界的神話，使亞洲滿佈黑暗。國家是其中一個我們應該關愛和效忠的對象。但是，盲目崇拜民族就是崇拜偶像。神愛祂所有的兒女，渴望我們建立一個人人相愛的大家庭。一個國家冒起成為世界霸主，要求所有人為奴為婢，是天地不容的。

為了我們深愛和尊重的、至死不分離的人盡量作出犧牲，實屬難能可貴。作為兒子和牧師，我見過我深深敬重的人為患病需要照顧的配偶獻出最大忍耐，甚至花費心力、錢財也在所不計。配偶、同伴或者師傅，是我們應該關愛和效忠的對象。但是，將一切獻與一個人，就是崇拜偶像。世上沒有一個人可以滿足我們所有需要，又或者承擔我們所有的期望。

有誰或者有甚麼事值得我們獻上絕對的愛和忠誠呢？看來，人的構造使我們需要有一個渴慕和期待的對象。我們的愛若只限於自己，我們的人性便難有完全。我們裏頭有一股力量催促我們為生命尋找某種重要性或者意義，在這種催促的最深處就是宗教的根源。我們有幸，有聖經和信仰羣體的見證，提醒我們小心卑賤的偶像崇拜和卑賤的愛。聖經指示我們認識一個中心真理：神以犧牲的愛將一切都賜給我們，祂又期望我們滿足人類最深處的宗教渴求，與祂結連，接受祂那恩典的管治。

亞伯拉罕獻以撒的故事

亞伯拉罕奉召獻兒子為祭是個令人震驚的故事。在一個層面來說，這是一個醜陋古怪的故事，帶有許多古代世界獻人為祭的特色。在另一個層面來說，我們又看見至高的神學功課，是為所有崇拜獨一真神的人所預備的。有趣的是，這個亞伯拉罕—以撒的故事對猶太人、基督徒和穆斯林都有重要價值。我們都推崇鼻祖亞伯拉罕，一個憑信追尋、承受應許成為萬民祝福的人。

你仍記得亞伯拉罕傳奇的基本大綱：神呼召亞伯拉罕離開家鄉，離開他父親和父親的神，一個熟識的世界。在一個新的地方，神要賜下新的啟示和建立一個新的國家。亞伯拉罕有點像一個貝都恩（Bedouin）族長，在巴勒斯坦走廊，帶著大羣牛羊和家眷婢僕，不停遷徙。根據創世記十二章2節的記載，神應許他有許多後人，且會建立一個強國。亞伯拉罕和他的妻子撒拉接受這個應許的時候，亞伯拉罕已經七十五歲（創十二4）。他們帶著這個應許活了多年，但是撒拉還是沒有孩子。最後，神行了一個神蹟，使兩人恢復活力。在亞伯拉罕一百歲、撒拉九十歲那年，他們生了兒子以撒。

我們仍記得亞伯拉罕和撒拉，在等待神成全應許的過程中，一度感到不耐煩。撒拉建議亞伯拉罕藉婢女夏甲得子，然後收為自己的兒子。但是，撒拉的計劃未能順利進行。撒拉覺得夏甲變得傲慢，因為她能生孩子，自己卻不能。她說服亞伯拉罕把夏甲和兒子以實瑪利逐出家門。這個片段使亞伯拉罕的傳奇出現變數，但也留下寶貴功課。我們必須學會相信，神會在祂的時間、按祂的方式，成全祂的應許。神與祂的百姓所立的每一個約，神都必會遵守。

以撒是應許之子，惟一合法的產業繼承人，是給亞伯拉罕這族所冒起的希望。你可以想像得到，當亞伯拉罕聽聞神的聲音，要他獻上惟一的兒子為祭，他會感到何等震驚？殘忍！無理！破滅！神好像要撤銷祂的應許。惟一的繼承人都死了，成為大國的應許又怎能實現呢？

但是，亞伯拉罕信服神。故事也峯回路轉。亞伯拉罕為祭斬柴，把柴放在驢背上，便帶著以撒和兩個僕人走上命運之旅，到指定的獻祭地點摩利亞山去。以撒問他父親，獻祭的羊羔在哪裏呢？亞伯拉罕回答說，神會預備。在山頂上，亞伯拉罕捆綁兒子，把他放在祭壇之上，正要下手，獻他為祭。就在最後一剎那，他聽聞天使的聲音，說：「亞伯拉罕！亞伯拉罕！不要傷害孩子！也不要動他分毫！如今，我知道你敬畏神，因為你沒有留下你惟一的兒子不給祂！」

亞伯拉罕可以解開兒子。他環顧四周，尋找可以獻上的祭物，結果發現一隻公羊困在樹叢之中，便把公羊完全獻上，作為燔祭，象徵把一切都奉獻給神。亞伯拉罕給這個特別的地方一個特別的名字，叫做耶和華以勒，即是，神必預備。使亞伯拉罕得福、成為強國的應許得到重申。

從舊約處境看這故事

作為現代人，一個暗示把人殺死、獻上為祭的故事實在嚇人。但是，在古代世界裏頭，這並不是一個不能接受的意念。即使舊約，也有兩處地方提到獻兒童為祭的事。當然，先知們認為這是卑劣的行徑。但是，這確是古代世界生活的一部分。

士師記十一至十二章記載了耶弗他的故事。耶弗他是個強悍的希伯來戰士，住在約旦河外地區。他被兄弟們驅逐，因為他的母親是個妓女。但是，當這個尊貴家族的安全受到亞捫人威脅時，大家便呼喚耶弗他出來拯救他們。他也同意。他求神幫助他，並對神作出承諾：若能得勝而回，便將第一個到來迎接他的人獻上為祭。結果，他大勝而回，他的女兒便出來迎接他。他後悔自己胡亂發誓，便撕裂衣服，以表哀傷。他的女兒安慰他，並表明願意獻上自己為祭；為了幫助父親遵守諾言，她接受死亡，作為愛的祭。這個故事在士師記裏頭說明一個主題：以色列人必須走出士師時代的混亂。他們必須有一個更好的生活模式。

在妥拉裏頭，即聖經的頭五卷書中，我們可以找到許許多多講到應該如何向神獻祭的規條。只是沒有一條要求獻人為祭。但是，希伯來人常常在信仰上作出妥協，將周園人的做法混入他們的宗教之中。摩押人有獻嬰兒為祭給他們的神基抹的做法。在列王紀下二十一章，我們看見瑪拿西王做了一件駭人聽聞的事。雖然他的父親希西家是個敬虔的王，但瑪拿西不是這類人。列王紀下二十一章6節說，他獻自己的兒子為祭。

舊約世界認識獻人為祭的事，先知們卻從不認可這種做法。有些時候，人們會覺得有需要獻祭，以表達內心感受：感恩、痛悔、呈請。這些祭要用最完美的牛羊或者最早熟的土產。人要將最好的獻與神。但是，先知呼喚人們緊記：最美的祭是純潔的心和順服的靈。

我們記起阿摩司書五章21至24節這段黃金經文：

我厭惡你們的節期，
　也不喜悅你們的嚴肅會。
你們雖然向我獻燔祭和素祭，
　我卻不悅納⋯⋯
要使你們歌唱的聲音遠離我，
　因為我不聽你們彈琴的響聲。
惟願公平如大水滾滾，
　使公義如江河滔滔。

從新約處境看這故事

早期教會的教父們十分喜歡這個故事。這不出奇，因為他們看見一個類似福音的故事。以撒豈不正是耶穌基督最完美的雛型嗎？以撒是蒙愛、蒙揀選的兒子。以撒要成為所有人的祝福。以撒是順服父親旨意的兒子。以撒甚至背起把他獻上為祭的柴，就如耶穌背起把祂釘在上面的十字架一樣。這些相似的地方確實惹人聯想。

我覺得馬丁．路德的註釋最有力量。路德不單是個講道者，也個是重視家庭的人。放下修道生活，他為許多為神立志作基督徒父母的人，建立起新的樣式。他的太太迦他林同情亞伯拉罕和以撒，常常推敲這個故事的意思，就如許多基督徒所做的那樣。路德的評語最是感人。亞伯拉罕有一個愛子，卻沒有呼召要他把兒子交給死亡。天父也有一個特別的愛子，卻要把祂交與死亡。誰能參透神對人的愛有多深？誰又能明白父神的痛苦又或者兒子被棄的感受呢？

亞伯拉罕接受考驗，好顯明他是否真的敬畏神。在創世記二十二章 12 節，神的話這樣說：「現在我知道你是敬畏神的了；因為你沒有…… 留下不給我。」讓我們用另一句話來表達「敬畏神」的意思：「如今，我知道你盡心、盡性、盡意、盡力**愛**主。」我們奉召要做的正是愛神勝過一切。我們奉召為愛，把握神賜給我們的所有機會——愛家人、愛鄰舍、愛國家、愛宗派、愛美善的事業、愛工作、愛美善的哲學。但是，這一切都必須看作是表達我們最終愛神的具體方式。我們奉召崇拜賜恩賜的神，不是恩賜。

將完全的愛投放給一件事或者一個人，而不是給神，這就是崇拜偶像，一種虛假的安全感，一位不足為神的神祇。當我們走過人生不同階段，我們要學習放開不同恩賜。有時，我們需要一個新的目標。有時，我們要放開那些目的已經達到的舊事，好享受蒙福的安息。

論到獻上生命為愛的祭，保羅留下了一段精彩的經文。請聽羅馬書十二章 1 至 2 節怎麼說：

> 所以，弟兄〔姊妹〕們，因為神的慈悲，我勸你們：獻上身體，作為活祭，是神聖的和得神喜悅的。這是你們屬靈的敬拜行動。不要效法這個世界，只要心意更新而變化。你們便能察驗和明白神的旨意——祂美善、可喜悅、完全的旨意。〔編按：經文乃按作者譯文翻譯〕

詩一首——以撒，歡笑之子

我是以撒　歡笑之子
家母稱為　天賜之兒
家父呼叫　應許之子
出生之日　父母老矣
以實瑪利　玩伴長子

二娘夏甲　我家侍婢
外表傲慢　內感驚慌
哥哥與我　熱情嬉戲
夏甲看見　笑聲放浪
主母不悅　母子被逐
老父擔憂　愁坐一旁
雖為庶子　畢竟骨肉

上主認可　老父清楚
主母計劃　無法改易
寡母幼子　曠野相依
上主何忍　趕絕寵兒？
以實瑪利　曾幾何時
家中獨子　族中後嗣

我來他去　失落恩典
榮譽不再　恍遭天譴

少承家訓　上主無欺
主道主旨　非同人意
上主慈愛　完美正義
主道偶而　殘酷為難
不好接受　不易明了

回心一想　頓覺不安
我亦寵兒　生死一線
老父攜往　摩利亞山
言談祭牲　必須奉獻
我背柴薪　父帶火鐮
只是未見　羔羊待牽

不忍看見　事發突然
老父拉繩　雙手被纏
身臥祭壇　刀在眼前
我是祭牲　人子被獻
被棄被拒　長兄無異
哥哥得生　我卻歸天

天空漸白　使者光芒
信心考驗　父獲讚賞
上主確認　選民釋放
一片迷茫　漸現真相
反覆思量　呼者何神

囑咐我兒　蒙恩對象
奧祕揀選　天意仁慈
惟須知道　愛相多樣
神恩價重　天人同嘗

歡笑之子　流淚之子
同樣面對　家愛族恨
為父一笑　兄弟相爭
雅各我兒　離鄉遠行

亞伯拉罕　眾子之神
帶領經過　道路艱辛
我眼昏花　老來牽掛
我要流淚　也會歡欣
生命之主　眼前現身
主愛無艮　福蔭萬人

禱告

主啊，祢是厚賜美善恩賜的神。
感謝祢，因祢的豐富滿足我們的缺乏！
感謝祢，因祢派來先知們和教師們使我們有智慧！

主啊，祢是要求極高的神。
祢禁止人崇拜別神。
祢動搖我們的安穩，呼召我們走進未知之地。

主啊，你是要求人付上一切、自己也付出一切的神。
祢賜下最美，基督，愛的祭。
我所獻的禮物或愛總比不上祢所賜的；
我接受祢的恩典。
求祢幫助我成為愛的祭，為祢榮耀的緣故。

阿們。

思考問題

❶ 犧牲是愛的驗證標準。當要求作出的犧牲看來並不合理的時候，你是否仍然願意和能夠作出犧牲？

❷ 為神的緣故，你願意奉獻多少權力和財富？耶穌說，神餵養飛鳥，也會餵養你（太六 25～26）。要信這話，有困難嗎？

❸ 有哪些偉大的犧牲故事曾經給你激勵？

❹ 有哪些人曾經為你作出犧牲？因為甚麼緣故？

❺ 為國家、家人、生意，諸如此類的東西作出犧牲，在哪些時候是可以接受的？哪些時候是不可以接受的？

圖片資料

頁 13： Gustave Doré（1832 ～ 1883）, *Jacob Wrestling with the Angel*（1855；圖片來源 commons.wikimedia.org）.

頁 37： *Moses and the Burning Bush*（Loca sancta icon from 12th century, Saint Catherine's Monastery, Sinai；圖片來源 commons.wikimedia.org）.

頁 52： Duccio di Buoninsegna, *The Temptation on the Mountain*（1308～1311；圖片來源 commons.wikimedia.org）.

頁 75： Icon of Transfiguration（Spaso-Preobrazhensky Monastery, Yaroslavl, 1516；圖片來源 commons.wikimedia.org）.

頁 89： William Blake（1757～1827）, *The Lord Answering Job Out of the Whirlwind*（1805/6；圖片來源 commons.wikimedia.org）.

頁 104 及 115：Edward Hicks（1780～1849）, *The Peaceable Kingdom*, ca. 1833 ～ 1834. Brooklyn Museum, Dick S. Ramsay Fund, 40.340.

頁 116：Michelangelo Buoarroti, *Prophet Jeremiah*（1508～1512；圖片來源 commons.wikimedia.org）.

頁 154：Michelangelo Merisi da Caravaggio, *The Incredulity of Saint Thomas*（1600～1601；圖片來源 commons.wikimedia.org）.

頁 178：Modern Hand painted Romanian Icon of Peter（Pschemp's property；圖片來源 commons.wikimedia.org）.

頁 189：Nicolaes Maes, *Christus vor Pilatus*（17th century；圖片來源 commons.wikimedia.org）.

頁 190：Duccio di Buoninsegna, *Christ Entering Jerusalem*（1308；圖片來源 commons.wikimedia.org）.

頁 215：Fra Angelico, *Noli me tangere*（1440；圖片來源 commons.wikimedia.org）.

頁 216：Michelangelo Merisi da Caravaggio, *Supper at Emmaus*（1601；圖片來源 commons.wikimedia.org）.

頁 235：Benjamin West（d. 1820）, *The Ascension*（1801；圖片來源 commons.wikimedia.org）.

頁 238：Michelangelo Merisi da Caravaggio, *The Sacrifice of Isaac*（1603；圖片來源 commons.wikimedia.org）.

靈修著作精選

重整靈性生命，陶冶完善人格。

扭鬥——信仰動力之所在
A Wrestling People and A Wrestling God: The Dynamics of A Living Faith
梅智理(Jerry Moye)著／周健文 譯／HK$88

尚待揭曉——與上帝一起編寫你的未來
To be Told: God Invites You to Coauthor Your Future
艾倫德(Dan B. Allender)著／黃東英 譯／HK$88

靜修靈旅——在靜默和歌聲中默想聖經
Seeds of Trust: Reflecting on the Bible in Silence and Song
泰澤(Taizé)著／陳翠婷 譯／HK$63

把難處變為優勢——作蹣跚的領袖
Leading with a Limp: Turning Your Struggles into Strengths
艾倫德(Dan B. Allender)著／陳永財 譯／HK$93

把難處變為優勢——作蹣跚的領袖(習作本)
Leading with a Limp Workbook: Discover How to Turn Your Struggles into Strengths
艾倫德(Dan B. Allender)、鮑爾(Matthew D. Baugher)著／陳永財 譯／HK$53

當我所愛的人離去了——如何在至愛離世後重新生活
Traveling through Grief: Learning to Live Again after the Death of a Loved One
蘇珊・索納貝爾提(Susan J. Zonnebelt-Smeenge)、羅伯特・德弗里斯(Robert C. DeVries)著／蔣雅利 譯／HK$63

點・閱——畢德生的藏書閣
Take and Read: Spiritual Reading: An Annotated List
畢德生(Eugene H. Peterson)著／陳永財 譯／HK$73

與神同誦——靈閱的意義與實踐
Reading with God: Lectio Divina
大衛・福斯特(David Foster)著／陳永財 譯／HK$78

與神相遇——認識親近神的心靈路徑
Sacred Pathways: Discover Your Soul's Path to God
加里・托馬斯(Gary L. Thomas)著／陳永財 譯／HK$78

信靠，就是這麼簡單！
The Incredible Journey of Faith
雷・普里查德(Ray Pritchard)著／魏詩韻 譯／HK$48

我掙扎．我成長
Spirituality of Struggle: Pathways to Growth
安德魯．梅斯（Andrew Mayes）著／李麗詩 譯／HK$58

祂為愛走過——365天靈修精選
His Passion
奧古斯丁、馬丁路德 等著／陳永財、黃東英 譯／HK$98

寧靜源——給你的退修指引
Soul Space: Making a Retreat in the Christian Tradition
希芙（Margaret Silf）著／石彩燕 譯／HK$58

誠心所求——實踐禱告生活的指引
How To Pray: A Practical Handbook
約翰．普禮查特（John Pritchard）著／胡燕青、何雋 譯／HK$63

帶著愛上路——讓傷痛得以痊癒的默想小品
As I Journey On: Meditations for Those Facing Death
莎倫．達迪斯（Sharon Dardis）、仙蒂．羅傑斯（Cindy Rogers）編著
黃東英 譯／HK$58

我以詩篇來禱告
Praying the Psalms
梅頓（Thomas Merton）著／蔡錦圖 譯／HK$38

挪移大山的禱告
Prayers to Move Your Mountains: Powerful Prayers for the Spirit-filled Life
卡拉遜（Michael Klassen）、弗爾靈（Thomas Freiling）著／吳世芳 譯／HK$93

緊扣時代 服事教會

以文字傳揚基督真道

讀者意見表

衷心多謝你購買本社書籍。本社一直致力以出版事工服事教會，幫助信徒扎根於神的話語，促進靈命增長。為使我們的出版更能滿足你的需要，請填寫下列各項資料，並寄回或傳真予本社。

所購書籍：______________________________

本書最吸引你的地方：

☐作者　☐適切性　☐文筆　☐設計　☐實用性

☐其他：______________________________

購買本書地點：

☐基道書樓　☐基督教書店　☐非基督教書店

性別：☐男　☐女　職業：____________________

信仰：☐基督徒　☐非基督徒

年齡：☐ 16 歲或以下　☐ 17～25 歲　☐ 26～35 歲

☐ 36～55 歲　☐ 56 歲或以上

學歷：☐中三或以下　☐中五　☐預科

☐大學　☐研究院

☐我欲更多了解基道出版社的事工及考慮支持，請寄給我下列資料：

☐機構簡介　☐新書資料　☐基道會員通訊

☐《基道文字事工通訊》

姓名：______________________電話：______________

地址：______________________________________

____

傳真：______________　電子郵件：______________

其他意見：______________________________

____

多謝賜教！

基道出版社

意見表可以傳真（2687-0281）或直接郵寄以下地址：

香港沙田火炭坳背灣街26號富騰工業中心1011室

基道出版社編輯部收